Fahrrad
Reparaturen

Stefan Kälberer

Fahrrad
Reparaturen

FALKEN

Inhalt

PRAXIS TIP

Achten Sie auf diese Kästchen mit Praxistips! Sie enthalten wertvolle, mitunter etwas unkonventionelle Hinweise für die Lösung Ihrer Probleme – beispielsweise bei Reifenpannen, bei Bremsproblemen, bei gebrochenen Teilen, bei beschädigtem Lack usw.

**So halten Sie Ihr Rad fit:
Pflege, Einstellungsarbeiten
und kleinere Reparaturen**————————— 42

**Arbeiten der Meisterklasse:
Größere Reparaturen
und Wartungsarbeiten**————————— 81

Checklisten für den Praktiker

Unentbehrlich: Basiswissen für Fahrradreparaturen

Sonnenschein, makellos blauer Himmel – richtiges Radfahrwetter, obendrein Wochenende. Sie sprühen geradezu vor Unternehmungsgeist, und doch wird aus der Tour nichts werden, denn das Fahrrad steht im Keller: defekt!

Was tun? Mit etwas Werkzeug, Improvisationstalent und mit einer Prise Selbstvertrauen könnten Sie Ihr Wochenendabenteuer retten, indem Sie selbst Hand anlegen. Selbst ein modernes Fahrrad ist nämlich kein undurchsichtiges High-Tech-Produkt. Unser Ratgeber macht Ihnen Mut zur Do-it-yourself-Reparatur. Wir zeigen Ihnen, wie ein Fahrrad aufgebaut ist, außerdem erhalten Sie wertvolle Tips zur sinnvollen Einrichtung Ihrer Fahrradwerkstatt, Checklisten für die Pflege und Wartung und vor allem jede Menge Reparaturanleitungen.

Werkstatt

Viel Platz brauchen Sie nicht, um Ihrem »angeschlagenen Drahtesel« wieder auf die Räder zu helfen. Ein kleiner Kellerraum oder eine Ecke von vier oder fünf Quadratmetern in der Garage reicht meist schon aus. Für größere Reparatur- und Wartungsarbeiten ist es allerdings vorteilhaft, etwas mehr Platz zur Verfügung zu haben, um eine Werkbank mit Schraubstock aufstellen zu können, auf der Werkzeug, Schmiermittel und Ersatzteile bereitliegen. Dazu sollte man sich einen ordentlichen Montageständer anschaffen und für eine gute Beleuchtung sorgen.

Mit dem Montageständer läßt sich das Fahrrad so fixieren, daß Sie an alle Teile mühelos herankommen und sich Laufräder und Kurbeln frei bewegen lassen – eine wichtige Voraussetzung für die Einstellung der Schaltung. Wer die Investition für einen solchen Montageständer scheut, kann sich auch mit an der Decke befestigten Seilen behelfen, an denen das Rad mittels zweier Haken am Lenker und am Sattel aufgehängt wird.

Ein Zentrierständer leistet gute Dienste, wenn man ein »eierndes« Laufrad wieder auf geraden Kurs bringen möchte.

Ein Zentrierständer leistet Ihnen wertvolle Dienste, wenn Sie ein Laufrad auf perfekten Rundlauf kontrollieren möchten oder wenn es gilt, einen Seiten- oder Höhenschlag auszuzentrieren

Sicherheit hat höchste Priorität

Bevor Sie nun zur Tat schreiten und Ihr Bike wieder flott machen, möchten wir Ihnen noch einige Sicherheitstips geben. Wenn nämlich Werkzeug falsch gehandhabt wird oder beispielsweise die Bremsen nicht korrekt eingestellt werden, können die möglichen Folgen von eingeklemmten Fingern bis zum filmreifen Sturz reichen.

Achten Sie bei Reparaturen an Ihrem Fahrrad immer darauf, Werkzeug der richtigen Größe zu verwenden. Wenn Sie mit einem zu großen Gabelschlüssel arbeiten, werden Sie früher oder später garantiert abrutschen. Eingeklemmte Finger oder blutige Knöchel sind die Folge. Der Profi verwendet deshalb nur passendes Werkzeug. Besonders vorsichtig sollten Sie vorgehen, wenn Sie mittels zweier Gabelschlüssel eine Kontermutter (beispielsweise an einer Radnabe) lösen wollen. Drücken Sie dabei die beiden Gabelschlüssel immer mit den hohlen Händen gegeneinander. So können Sie sich die Finger nicht einklemmen, wenn sich die Konterung plötzlich und unverhofft löst.

Auch bei Arbeiten an den Bremsen müssen Sie besonders sorgfältig vorgehen. Bei Cantileverbremsen kann es beispielsweise vorkommen, daß die Bremsgummis über den Felgenrand hinaus in die Speichen geraten. Das kann passieren, wenn die Einstellarbeiten zu lange hinausgezögert wurden oder aber wenn die Befestigungsschrauben der Bremsgummis nicht fest angezogen wurden. Auch eine nicht ordnungsgemäß angezogene Klemmschraube am Bremszug kann zu unangenehmen Überraschungen führen: Bei der ersten Vollbremsung wird der Bremsbelag aus der Klemmung herausgezogen und die Bremswirkung ist gleich Null!

Aber auch eine schlecht eingestellte Schaltung kann gefährlich werden. Ist bei einer Kettenschaltung der Schwenkbereich des Schaltwerks nicht korrekt eingestellt, kann die Kette über das größte bzw. kleinste Ritzel hinausbefördert werden und sich verklemmen. Ein blockiertes Hinterrad ist die Folge. Noch schlimmer sieht es aus, wenn sich ein am Vorderrad montierter Dynamo löst und in die Speichen klappt. Ein blockiertes Hinterrad läßt sich mit etwas Geschick noch abfangen. Ein schlagartig blockiertes Vorderrad aber läßt Sie in hohem Bogen über den Lenker fliegen.

Jetzt aber genug der Horrorszenarien. Schließlich möchten wir Ihnen Mut machen, Reparaturen am Fahrrad auszuführen. Aber dazu gehört eben auch, über mögliche Gefahren gut Bescheid zu wissen.

Werkzeug

Zuerst sollten Sie sich ein Werkzeugset für unterwegs zusammenstellen, mit dem Sie Notreparaturen ausführen können (siehe S. 32). Dieses Werkzeugset nehmen Sie auf jede größere Tour mit. Es reicht aber in nahezu allen Fällen auch für Einstellungsarbeiten und kleinere Reparaturen aus (siehe S. 46). Sehr viele Arbeiten am Fahrrad kann man ohnehin mit herkömmlichem Werkzeug bewältigen, wie Sie es in Ihrer Werkzeugkiste für Haushalt und Auto finden.

Zur Ergänzung empfehlen wir:
▶ ein paar spezielle, flache Gabelschlüssel (auch Konusschlüssel genannt) zum Einstellen der Radlager,
▶ einen Kettennieter zum Vernieten der Kette bei Kettenschaltungen,

Für größere Reparaturen und Wartungsarbeiten benötigen Sie Spezialwerkzeug. Oben links: Kurbelabzieher; oben rechts: Zahnkranzschlüssel; unten: drei verschiedene Abzieher für das Ritzelpaket

▶ einen Speichenschlüssel (auch Nippelspanner genannt).

Wollen Sie regelmäßig umfangreiche Reparaturen an Ihrem Fahrrad vornehmen (siehe S. 81), dann brauchen Sie teilweise Spezialwerkzeug. Es ist nicht ganz billig, der Gelegenheitsmechaniker sollte es sich deshalb besser ausleihen oder sich mit vorbereitenden Arbeiten zufrieden geben und ansonsten die Sache dem Profi überlassen.

Die Werkzeuge werden jeweils eingangs eines jeden Kapitels gezeigt und kurz erläutert. Beim Werkzeug lohnt es sich, gute Qualität zu kaufen. Billiges Material geht meist schnell kaputt und ist oft auch praxisfremd konstruiert. Scheinbar preiswertes Werkzeug kommt langfristig also immer teurer zu stehen.

PRAXIS TIP

Für unterwegs bieten sich kleine, praktische Taschenwerkzeuge an. Bei diesen können ähnlich den berühmten Schweizer Offiziersmessern die verschiedensten Einzelwerkzeuge ausgeklappt werden. Aufwendige Modelle bieten vom Schraubendreher über Innensechskantschlüssel, Reifenheber und verstellbare Gabelschlüssel bis hin zum Kettennieter alles, was für die schnelle Reparatur unterwegs benötigt wird.

Checklisten zur Wartung Ihres Fahrrads

Wer wird schon seinen Drahtesel so lange schinden, bis sich kein Rad mehr dreht? Besser, man pflegt ihn in regelmäßigen Abständen. Diese Wartungsintervalle lassen sich nicht ohne weiteres in Wochen, Monaten oder Jahren messen, sondern hängen stark von den gefahrenen Kilometern ab. Wer beispielsweise nur 1000 Kilometer im Jahr fährt, muß natürlich nicht jährlich die Naben zerlegen und schmieren. Der Wartungsaufwand wird auch davon beeinflußt, wie hochwertig Ihr Fahrrad ist oder wie oft Sie durch Regen und Schnee radeln. Die Wartungsarbeiten lassen sich in drei Kategorien einteilen:

▸ regelmäßiger Check,
▸ gründliche Inspektion,
▸ aufwendige Wartungsarbeiten.

Regelmäßiger Check

Der regelmäßige Check wird zweckmäßigerweise immer dann ausgeführt, wenn die Kette geschmiert oder das Rad geputzt werden muß.

Checkliste: Kurzfristiger Wartungsintervall – regelmäßiger Check		JA	NEIN
Bremsen	1. Sind die Bremszüge geknickt?	🚲	🚲
	2. Sind Drähte an den Bremszügen gerissen?	🚲	🚲
	3. Läßt sich der Bremshebel schon bis zum Lenker durchziehen?	🚲	🚲
	4. Liegt der Druckpunkt noch optimal in der Mitte zwischen Ruhestellung und Lenker?	🚲	🚲
Bereifung und Laufräder	1. Stimmt der Reifendruck?	🚲	🚲
	2. Sind die Schnellspanner bzw. Radmuttern fest angezogen?	🚲	🚲
Antrieb	1. Muß die Kette geschmiert werden?	🚲	🚲
	2. Muß die Kette gespannt werden (nur bei Nabenschaltungen notwendig)?	🚲	🚲
Schaltung	1. Rasten alle Gänge sauber ein?	🚲	🚲
	2. Sind die Schaltzüge knickfrei verlegt?	🚲	🚲
	3. Sind die Schaltzüge ausgefranst?	🚲	🚲
Lenkung	1. Sitzt der Vorbau fest in der Gabel?	🚲	🚲
	2. Wackelt der Lenker im Vorbau?	🚲	🚲
Beleuchtung	1. Funktionieren Scheinwerfer und Rücklicht?	🚲	🚲
	2. Ist der Scheinwerfer so eingestellt, daß sein Lichtstrahl zehn Meter vor dem Rad auf den Boden trifft?	🚲	🚲
	3. Sind alle Kabel fachgemäß verlegt?	🚲	🚲
	4. Sind alle Reflektoren unbeschädigt und sauber?	🚲	🚲
Verschraubungen	1. Sind die Schrauben an Vorbau, Lenker, Sattelklemme, Laufrädern und Bremsen vollkommen fest?	🚲	🚲

Beim Vielfahrer kann das jede Woche nötig sein, beim Gelegenheitsfahrer können Monate zwischen den einzelnen Checks liegen. Vor jeder längeren Tour ist dieser Check ein Muß.

Gründliche Inspektion

Eine gründliche Inspektion sollte ebenfalls regelmäßig durchgeführt werden. Beim Gelegenheitsradler ist das einmal im Jahr eine Beschäftigung für einen verregneten Abend, während der Vielfahrer mehrere Male pro Jahr für diese Arbeiten zum Werkzeugkasten greifen sollte.

Aufwendige Wartungsarbeiten

Hier handelt es sich um Wartungsarbeiten, die einmal im Jahr oder noch seltener fällig werden. Sie werden durchgeführt, um unnötigen Verschleiß oder Schäden zu verhindern bzw. zu beheben (siehe Checkliste auf der folgenden Seite). Oft sind dies Arbeiten, die nicht unbedingt sofort erledigt werden müssen. Wenn Sie eine größere Wartungsarbeit aus Zeitgründen aufschieben möchten, müssen Sie aber unbedingt zwischen dringenden, die Sicherheit betreffenden Reparaturen und vernachlässigbaren Verschleißerscheinungen unterscheiden.

Checkliste: Mittelfristige gründliche Inspektion		JA	NEIN
Bremsen	1. Sind die Bremszüge noch leichtgängig?	🚲	🚲
	2. Sind die Bremsgummis verschlissen?	🚲	🚲
	3. Sind die Bremsgummis noch optimal auf die Felge ausgerichtet?	🚲	🚲
	4. Greifen die Bremsen gleichmäßig?	🚲	🚲
	5. Sind die Felgenflanken sauber?	🚲	🚲
Laufräder	1. Sind die Reifen brüchig oder abgefahren?	🚲	🚲
	2. Laufen die Räder ohne Höhen- und/oder Seitenschlag?	🚲	🚲
	3. Laufen die Radlager leicht und ohne Geräusche?	🚲	🚲
	4. Sind die Radlager locker?	🚲	🚲
Antrieb	1. Muß die Kette erneuert werden?	🚲	🚲
	2. Sind Kettenblätter und Zahnkränze abgenutzt oder verschmutzt?	🚲	🚲
	3. Sitzen die Kurbeln fest auf der Innenlagerachse?	🚲	🚲
	4. Läuft das Innenlager (Tretlager) geräuschlos und spielfrei?	🚲	🚲
Schaltung	1. Sind die Schaltzüge leichtgängig, oder müssen sie gewechselt werden?	🚲	🚲
	2. Sind alle beweglichen Teile der Kettenschaltung schmutzfrei und leichtgängig?	🚲	🚲
Lenkung	1. Hat der Steuersatz Spiel?	🚲	🚲

Checkliste: Langfristiger Wartungsintervall – aufwendige Wartungsarbeiten

		ABHAKEN
Bremsen	1. Bremsen demontieren: Gelenke und Lagerstellen reinigen und neu abschmieren.	
	2. Bremsen einstellen und gegebenenfalls neue Bremsgummis montieren!	
	3. Bremszüge erneuern, falls sie schwergängig, geknickt und/oder beschädigt sind.	
Laufräder	1. Beide Radlager (Konuslager) demontieren, reinigen, abschmieren und erneut einstellen; verschlissene Teile aus tauschen.	
	2. Wartungsfreie Rillenkugellager (Industrielager) auf Spielfreiheit überprüfen, gegebenenfalls Lager oder Naben erneuern.	
Antrieb	1. Innenlager (Konuslager) demontieren, reinigen, abschmieren und erneut einstellen; verschlissene Teile ersetzen.	
	2. Wartungsfreie Rillenkugellager (Industrielager) auf Spielfreiheit überprüfen, gegebenenfalls Lager austauschen.	
	3. Kurbeln prüfen auf: festen Sitz, Risse und Verbiegung.	
	4. Pedallager demontieren, reinigen, abschmieren und neu ein stellen; verschlissene Teile ersetzen.	
Schaltung	1. Umwerfer und Schaltwerk auf zu großes Spiel hin überprüfen; gegebenenfalls austauschen.	
	2. Spiel der Schaltungsrädchen am Schaltwerk kontrollieren, gegebenenfalls austauschen.	
	3. Schaltzüge erneuern, falls sie schwergängig, geknickt und/oder beschädigt sind.	
Lenkung	1. Vorbau demontieren, reinigen und nach dem Überholen des Steuersatzes gut gefettet wieder einbauen.	
	2. Steuersatz demontieren, reinigen, abschmieren und erneut einstellen; verschlissene Teile ersetzen.	
	3. Lenker auf festen Sitz im Vorbau überprüfen.	
	4. Untersuchen, ob sich Risse im Lenker befinden.	
Sattel	1. Sattelstütze demontieren und reinigen.	
	2. Sattelstütze gut gefettet wieder montieren (verhindert Festfressen im Sitzrohr).	

Fahrradtechnik im Überblick

Sicherlich ist ein Fahrrad mehr als ein Gestell aus ein paar Rahmenrohren, das die Laufräder aufnimmt und zur Befestigung von Lenker, Sattel und Kurbeln dient. Aber es stimmt schon, daß ein Fahrrad ein genial einfaches und effektives Fortbewegungsmittel ist, dessen technische Zusammenhänge schnell und leicht zu durchschauen sind.

Rahmen

Stahl- oder Aluminiumrohre, die in Muffen verlötet, verklebt oder muffenlos verschweißt werden, bilden den Rahmen des Fahrrads. Gelegentlich kommen auch Titan oder Carbon als Rahmenbaumaterial zum Einsatz. Aus steifen Dreiecksverbänden aufgebaut – der klassischen Diamantbauweise –, ergibt sich mit einem Minimum an Materialeinsatz ein Maximum an Stabilität. Der Hauptrahmen besteht aus dem Unterrohr, dem Oberrohr, dem Sitzrohr und dem Steuerrohr, während der Hinterbau aus dünneren Rohren gefertigt wird und aus jeweils zwei Ketten- und Sitzstreben besteht. Dies ist das Skelett der Maschine »Fahrrad«, daran werden alle weiteren Teile befestigt.

Im Steuerrohr des Rahmens befindet sich ein Lager – es wird Steuersatz genannt –, in dem die Gabel drehbar gelagert ist. Im Gabelschaftrohr (oder darauf) ist der Vorbau mittels einer Klemmvorrichtung befestigt. Er ist meist höhenverstellbar und nimmt den Lenker mitsamt der daran angebrachten Bedienungselemente auf.

Im Sitzrohr des Rahmens wird die Sattelstütze durch eine Schraube bzw. einen Schnellspanner festgeklemmt. Sie trägt den Sattel und ist höhenverstellbar, damit der Fahrer die für ihn optimale Sitzposition einstellen kann.

Antrieb

Der Antrieb des Fahrrads besteht aus einem im Tretlagergehäuse verschraubten Lager (Innenlager genannt), das die Kurbeln samt den vorderen Kettenblättern drehbar mit dem Rahmen verbin-

det. Die Kraftübertragung zum Hinterrad erfolgt fast ausnahmslos über eine äußerst effektive Rollenkette, in ganz seltenen Fällen auch über einen Kardanantrieb oder einen Zahnriemen. Eine Schaltung ermöglicht es, die Trittfrequenz und -kraft an die unterschiedlichsten Fahrsituationen anzupassen. Dies geschieht entweder über ein in die Hinterradnabe integriertes Getriebe mit drei bis maximal sieben Gängen – eine sogenannte Nabenschaltung – oder mittels einer Kettenschaltung, die bis zu 24 Gänge bieten kann. Bei einer Kettenschaltung wird die Kette vorn durch einen Umwerfer auf das jeweilige Kettenblatt (bis zu drei an der Zahl) befördert, während hinten am Hinterrad das Schaltwerk dafür sorgt, daß die Kette jeweils über das richtige Ritzel (bis zu acht an der Zahl) läuft.

Laufräder

Derart in Schwung gebracht, rollt das Fahrrad auf den aus jeweils einer Nabe, den Speichen, der Felge und dem Reifen aufgebauten Laufrädern. In der Nabe sitzen die Kugellager, die das Laufrad drehbar mit dem Rahmen verbinden. Bei den Speichen kommt fast ausnahmslos Edelstahl zum Einsatz, während sich bei den Felgen Aluminium durchgesetzt hat. Bei den Felgen wird zwischen zwei Bauarten unterschieden:

▸ herkömmliche Kastenfelgen: sie werden sowohl aus Stahl als auch aus Aluminium gefertigt;
▸ Hohlkammerfelgen: werden ausnahmslos aus Aluminium gefertigt und fallen durch einen »doppelten Boden« (die Hohlkammer) wesentlich stabiler aus.

Bei der Bereifung wird zwischen drei Arten unterschieden:

▸ Normalreifen: die durch einen drahtverstärkten Wulst auf einer entsprechend ausgeformten Felge Halt finden und mit einem zwischen Reifen und Felge eingelegten Schlauch montiert werden,
▸ Schlauchreifen: die als Einheit, bei der Schlauch und Reifen miteinander vernäht sind, auf eine spezielle Felge aufgeklebt werden und mit sehr hohem Luftdruck gefahren werden können und

Bezeichnung der einzelnen Teile an einem Fahrrad

Nabe

Ventil

Scheinwerfer

Steuersatz

Bremsseil vorn

Bowdenzüge

Bremsgriff

Daumenschalthebel

Lenker

Vorbau

Bremsseil hinten

Steuerrohr

Schutzblech

Kurbel

Pedal

3 Kettenblätter

Reifen

Felge

Speiche

Speichennippel

Schnellspanner

Cantileverbremse

Sattel

Sattelstütze

Kabelstopper

Oberrohr

Sitzrohr

Unterrohr

Anlötteile für Flaschenhalter

Umwerfer

Innenlager

Kette

Kettenstreben

Sitz-streben

Dynamo

Sattelschnellspanner

Cantileverbremse

Gepäckträger

Schutzblech

Rücklicht

Zahnkranz

Schaltwerk

Schaltungsrädchen

▶ Hochdruckreifen: die die Vorteile von Schlauch-
und Normalreifen miteinander verbinden. Sie
können mit nur geringfügig niedrigerem Luftdruck gefahren werden wie Hochdruckreifen,
werden aber wie Normalreifen mit eingelegtem Schlauch montiert.

Bremsanlage

Damit Sie nicht nur ordentlich in Schwung kommen, sondern jederzeit auch wieder schnell und
sicher zum Stillstand, ist jedes Fahrrad mit zwei
unabhängig voneinander funktionierenden Bremsen ausgestattet. Bei den Bremsen wird zwischen folgenden Bauarten unterschieden:

▶ Trommelbremsen: sind in die Nabe integriert.
Auf zwei halbkreisförmigen Metallbacken sind
die Bremsbeläge aufgeklebt bzw. -genietet.
Die Bremsbacken werden durch eine Feder in
Ruhestellung gehalten. Außen sitzt ein kleiner
Bremshebel, an dem der Bremszug eingehängt ist. Dieser Bremshebel ist mit einem
zwischen den Bremsbacken sitzenden Bremsnocken verbunden und spreizt bei Betätigung
der Bremse die Bremsbacken auf. Dadurch
werden diese gegen die Bremstrommel
gepreßt.
▶ Felgenbremsen: werden hydraulisch oder
mechanisch betätigt. Weitere Einzelheiten
siehe unten.
▶ Scheibenbremsen: sind bekannt von Motorrad
und Auto. Bei ihnen wird eine Bremsscheibe
auf einer speziellen Nabe montiert. Die Bremsbeläge brauchen bei einer Scheibenbremse
nicht eingestellt zu werden und sind einfach zu
wechseln. Betätigt werden Scheibenbremsen
hydraulisch, mechanisch oder mittels einer
Kombination aus beidem.
▶ Rücktrittbremsen: werden durch das Rück-
wärtsdrehen der Kurbeln betätigt und nur in
Verbindung mit Nabenschaltungen eingesetzt.
Ein Bremskonus im Inneren der Nabe spreizt
den Bremsmantel auseinander und preßt ihn
dadurch gegen die Nabeninnenseite. Bei Rücktrittbremsen gibt es keine Bremsbeläge, es
bremst Metall auf Metall.

Auf die weitverbreiteten Felgenbremsen soll hier
noch etwas näher eingegangen werden. Man
unterscheidet zwischen:

▶ Seitenzugbremsen: die mittig über dem Reifen
mittels einer Schraube befestigt sind, aus zwei
den Reifen umgreifenden und miteinander ver-
bundenen Bremsarmen bestehen, an denen
der Bowdenzug seitlich ansetzt,
▶ Mittelzugbremsen: die ebenfalls mittig über
dem Reifen mittels einer Schraube befestigt
sind und ebenfalls aus zwei Bremsarmen
bestehen, an denen der Bowdenzug aber mittig zwischen den Bremsarmen ansetzt und
▶ Cantileverbremsen: die aus zwei unabhängigen, steifen Bremsarmen bestehen und auf
speziellen Bremssockeln direkt an der Gabel
bzw. den Sitzstreben befestigt sind. Die
Bremsarme werden durch ein Querkabel, an
dem wiederum der Bowdenzug eingehängt
wird, miteinander verbunden.

Lichtanlage

Damit Sie auch nach Anbruch der Dunkelheit
sicher und unbeschadet Ihr Ziel erreichen, muß
noch eine Beleuchtungsanlage montiert sein.
Die Straßenverkehrszulassungsordnung (StVZO)
schreibt die Verwendung eines Dynamos
(6 Volt/3 Watt) vor. Dieser versorgt den Scheinwerfer vorn (2,4 Watt) sowie das Rücklicht (0,6
Watt) mit Strom. Weiterhin sind je zwei gelbe
Reflektoren an Laufrädern und Pedalen, sowie
ein weißer Front- und ein roter Rückstrahler
vorgeschrieben. Für Fahrräder unter elf Kilo-
gramm Gewicht – sie werden vom Gesetzgeber
als Sportgeräte betrachtet – sieht die StVZO eine
Ausnahmeregelung vor. Sie dürfen mittels zweier Batterieleuchten, die ständig mitgeführt werden müssen, beleuchtet werden.

Die Stromversorgung bei dynamobetriebenen
Lichtanlagen erfolgt fast immer über ein einzel-
nes Kabel, während der aus Metall bestehende
Rahmen den Strom zurückleitet. Der Strom wird
durch den Dynamo (verschiedene Dynamotypen
siehe S. 28) erzeugt, der durch ein Laufrad angetrieben wird.

Halogenscheinwerfer haben eine große Verbrei-
tung gefunden. Ihre Lichtausbeute ist wesentlich
besser als die von herkömmlichen Scheinwerfern. Das Rücklicht sollte über einen guten Spie-
gelreflektor verfügen, um die kargen 0,6 Watt
optimal ausnutzen zu können.

Schrauben- und Gewindearten am Fahrrad

Die meisten Ausrüstungsteile sind mit Schraubverbindungen am Rahmen befestigt. Im einfachsten Fall wird eine Schraube mit Mutter verwendet. Allgemeiner gesprochen, kommt die Verbindung durch Kombinationen von Bauteilen mit Außen- und Innengewinde zustande.

Rechts- und Linksgewinde

Von wenigen Ausnahmen abgesehen, handelt es sich dabei um Rechtsgewinde. Prägen Sie sich dazu den folgenden Praxistip ein: Rechtsgewinde werden im Uhrzeigersinn angezogen bzw. durch Drehen gegen den Uhrzeigersinn wieder gelöst!

Ausnahmen: Das linke Pedal ist mit einem Linksgewinde in der Kurbel verschraubt, damit es sich infolge der Antriebsbewegung nicht von allein löst. Bei BSA-Innenlagern wird die rechte Lagerschale ebenfalls per Linksgewinde mit dem Rahmen verschraubt.

Der Schraubenkopf

Schrauben am Fahrrad können vier unterschiedliche Kopfformen besitzen. Es handelt sich dabei um:

▶ Sechskantschrauben: werden mit einem Gabelschlüssel angezogen,
▶ Schlitzkopfschrauben: werden mit einem normalen Schraubendreher angezogen,
▶ Kreuzschlitzschrauben: werden mit einem Kreuzschlitzschraubendreher angezogen und
▶ Innensechskantschrauben: mit einem Innensechskantschlüssel (auch Inbus-Schlüssel genannt) angezogen.

Innensechskantschlüssel haben den Vorteil des geringen Gewichts, sie nehmen im Werkzeugtäschchen wenig Platz ein und garantieren ein sicheres Arbeiten, denn man rutscht dabei beim Schrauben nicht ab. Wenn Sie alte, beschädigte Schrauben austauschen möchten, ersetzen Sie sie durch Innensechskantschrauben aus Edelstahl.

Fein- und Normalgewinde

Mitunter kommt es vor, daß man eine Mutter nicht auf eine Schraube passenden Durchmessers aufdrehen kann. Schauen Sie sich in diesem

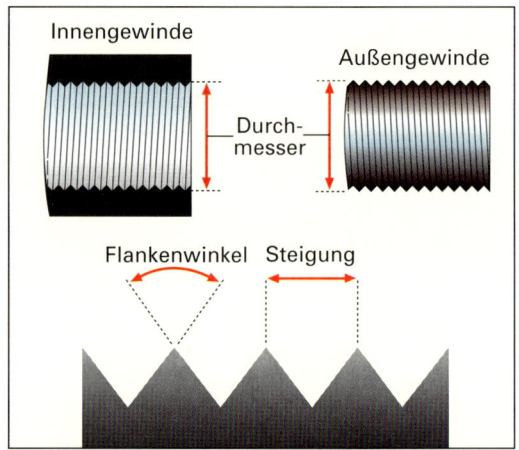

Eine Schraubverbindung besteht aus einem Bauteil mit Außengewinde (der Schraube) und einem Bauteil mit Innengewinde (der Mutter). Gewinde werden, je nach Einsatzzweck, in den unterschiedlichsten Durchmessern und mit verschiedenen Steigungen und Flankenwinkeln hergestellt

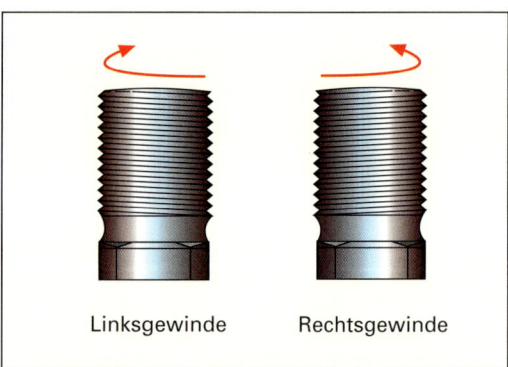

Um ein ungewolltes Losdrehen während des Betriebs zu vermeiden, wird das linke Pedal mit einem Linksgewinde, das rechte dagegen mit einem Rechtsgewinde versehen

Fall die Gewinde der Schraubverbindung genauer an. Es gibt zwei Gewindearten: Feingewinde und Normalgewinde. Schraube und Mutter müssen der gleichen Gewindeart angehören, um zueinander zu passen.

Beim Feingewinde verlaufen die Gewindegänge im Vergleich zum Normalgewinde flacher.

Sicherung von Schraubverbindungen

Es gibt unterschiedliche Möglichkeiten, eine Schraubverbindung so zu sichern, daß sie sich durch die Fahrbewegungen nicht von selbst lösen kann. Üblich sind:

▶ Stoppmuttern: Beim Anziehen schneidet sich das Gewinde der Schraube in einen in der Stoppmutter sitzenden Kunststoffring hinein und verkeilt sich dadurch – spürbar am Widerstand während des Anziehens. Stoppmuttern sollten nur einmal verwendet werden. Sie werden beispielsweise bei der Schutzblechbefestigung eingesetzt.

▶ Kontern zweier Muttern: Dabei wird die erste, bereits festsitzende Mutter mit einem Gabelschlüssel festgehalten, während eine zweite Mutter dagegen gedreht wird. Diese Sicherungsmethode wendet man vor allem beim Steuersatz und bei in Konusbauweise ausgeführten Rad- und Innenlagern an.

▶ Schraubensicherungsmittel: Es handelt sich dabei um einen speziellen Klebstoff, der auf die Gewindegänge aufgetragen wird und die Verschraubung schwergängig macht.

Lösen schwergängiger Schraubverbindungen

Das andere Extrem bilden Schraubverbindungen, die sich partout nicht mehr lösen lassen wollen. Bevor Sie hier Gewalt anwenden, probieren Sie lieber erst einmal ein paar Tricks. Rostlöser erweist sich oft als Wundermittel, wenn man ihn über Nacht einwirken läßt. Ein paar trockene, kurze und nicht allzu heftige Schläge mit dem Hammer auf die Schraubverbindung können ebenfalls »krampflösend« wirken. In anderen Fällen kann es sinnvoll sein, das Gewinde mit einem Lötbrenner oder ähnlichem vorsichtig zu erwärmen.

Um diese Probleme gar nicht erst entstehen zu lassen, sollten Sie Schraubverbindungen immer gut einfetten, einölen oder notfalls mit einem Bleistift (Graphit = Schmiermittel) einreiben. Und schließlich: Verwenden Sie immer optimal passendes Werkzeug. Mit einem zu großen Gabelschlüssel ist beispielsweise der Sechskant einer Schraube im Nu ruiniert.

Bowdenzüge

Wozu Bowdenzüge?

Die Bowdenzüge übertragen die Handkräfte auf mechanischem Weg vom Bremshebel zur Bremse oder vom Schalthebel zum Umwerfer und Schaltwerk bzw. zur Nabenschaltung. Dabei läuft ein biegsames Seil aus geflochtenen Stahldrähten durch eine ebenfalls flexible Außenhülle aus spiralförmig gewickeltem Flachdraht. Die Außenhülle ist kunststoffummantelt und meist innen mit einem reibungsmindernden Kunststoffröhrchen (der Zuginnenhülle) versehen, durch das das Drahtseil läuft.

Mit einem Nippel wird das Drahtseil am Bremsoder Schalthebel eingehängt und dann am anderen Ende (Bremse, Umwerfer oder Schaltwerk) mit einer Schraube festgeklemmt. Um die Reibungsverluste gering zu halten, sollten Bowdenzüge mit nicht allzu engen Radien verlegt werden und auch nicht unnötig lang sein.

Deshalb werden die Drahtseile entlang der Rahmenrohre meist ohne Außenhülle geführt. Die

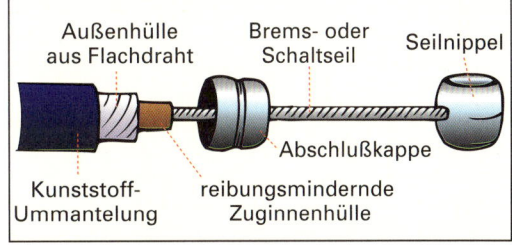

Bowdenzüge dienen der Betätigung von Schaltung und Bremsen. Sie bestehen aus einem biegsamen Stahlseil, das in einer ebenfalls flexiblen Hülle aus spiralförmig gewickeltem Flachdraht geführt wird

Außenhüllen werden dabei an mit dem Rahmen verlöteten Kabelstoppern abgestützt. Sind diese Kabelstopper geschlitzt, können Sie die Seilzüge zum Abschmieren einfach aushängen.

Bedürfen Bowdenzüge der Pflege?

Vom Zustand der Bowdenzüge hängt – vor allem bei modernen, positionierten Kettenschaltungen – in hohem Maß die Schaltqualität ab. Auch bei den Bremsen muß man auf eine saubere, knickfreie Verlegung der Bowdenzüge achten und ein schadhaftes Teil, beispielsweise einen angerissenen Bremszug, sofort durch einen neuen ersetzen. Nichts ist unangenehmer als ein Bremszug, der gerade dann reißt, wenn sich vor dem Radfahrer unverhofft eine Autotür öffnet oder ein LKW aus einer Seitenstraße herausfährt.

Bowdenzüge von modernen Schaltungen, die mit reibungsmindernden Zuginnenhüllen versehen sind, sollten nicht geschmiert werden. Da die Zuginnenhüllen durch das Öl quellen können, werden sie, wenn sie schwergängig geworden sind, einfach ausgewechselt. Anders sieht der Fall bei den Bremsen oder bei älteren Schaltungen aus. Hier kann der Brems- oder Schaltzug in regelmäßigen Abständen herausgezogen und, nachdem er mit einem ölgetränkten Lappen abgewischt wurde, wieder eingebaut werden.

PRAXIS TIP

Altbewährte Mittel bewirken oft Wunder:
Sie können ab und zu etwas dünnflüssiges Öl (Nähmaschinenöl) von oben in die Außenhüllen geben. Es verteilt sich durch die Seilbewegung.

Worauf ist bei neuen Bowdenzügen zu achten?

Achten Sie beim Ersatzteilkauf auf die richtige Stärke des Seilzugs, und wechseln Sie bei modernen Kettenschaltungen die Bowdenzüge immer komplett, also den Seilzug mitsamt der Außenhülle. Um ein Ausfransen des Seilendes an Bremse oder Schaltung zu verhindern, werden üblicherweise kleine Alukäppchen darüber

geschoben und mit einer Zange zusammengequetscht. Besser und eleganter ist es aber, die Seilenden mit einer Lötpistole oder einem Lötkolben zu verzinnen. Sie passen dann noch durch die Außenhülle und durch die Klemmvorrichtungen an Bremse und Schaltung.

Lager

Wie die Lager funktionieren

Damit Ihre mühsam antrainierte Trittkraft auf dem Weg zwischen den Pedalen und den Laufrädern nicht irgendwo unter lautem Knirschen durch Reibungskräfte aufgezehrt werden kann, braucht Ihr Rad ordentliche Lager. Fast ausnahmslos handelt es sich dabei um Kugellager. Das Prinzip ist – wie bei allen genialen Erfindungen – denkbar einfach: zwischen einem feststehenden Teil und dem sich drehenden Teil befinden sich Kugeln, die dank ihrer punktförmigen Auflagefläche extrem leicht laufen. Vor Schmutz durch ausgekügelte Dichtlippen geschützt und mit einer reibungsmindernden Fettfüllung versehen, garantieren moderne Kugellager einen hohen Wirkungsgrad bzw. sorgen für geringstmögliche Kraftverluste.

Gelegentlich werden statt der Kugeln auch kegel- oder zylinderförmige Rollen verwendet, die den Druck im Lager auf eine größere Fläche verteilen. Dadurch wird vermieden, daß sich die Kugeln aufgrund hoher Belastung in die Lauffläche eindrücken können. Diese Lager laufen nicht ganz so leicht wie Kugellager, sind dafür aber wesentlich belastbarer und werden von manchen Herstellern beim Steuersatz als Innenlager oder bei Hinterradnaben eingesetzt.

Ansonsten wird am Fahrrad zwischen Konuslagern und Rillenkugellagern (oft auch Industrielager genannt) unterschieden.

Konuslager

Bei den Konuslagern, die in allen Qualitätsabstufungen erhältlich sind, laufen die Kugeln zwischen zwei Konen. Von diesen kreisbogenförmig ausgeformten Laufflächen ist eine beispielsweise in die Radachse integriert, oder sie wird ins Tretlager- oder ins Pedalgehäuse eingepreßt, während die andere über ein Gewinde auf der

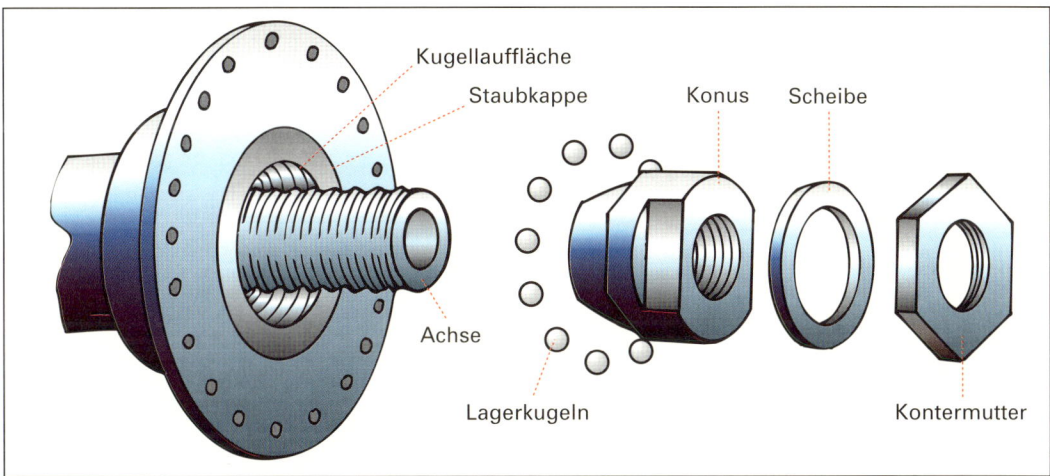

Kugellauffläche
Staubkappe Konus Scheibe
Achse
Lagerkugeln Kontermutter

Bei einem Konuslager laufen die Kugeln zwischen der Kugellauffläche und einem auf der Achse verstellbaren Konus. Dadurch kann das Lagerspiel feinfühlig eingestellt werden

Radachse verstellbar aufgeschraubt wird, um beim Beispiel der Radnabe zu bleiben. Mittels des stufenlos verstellbaren Konus wird das Lagerspiel eingestellt. Ein Konuslager sollte in gewissen Abständen zerlegt, gereinigt und frisch gefettet werden.

Rillenkugellager
Ganz anders ist das Rillenkugellager aufgebaut. Hier handelt es sich um ein in sich geschlossenes Lager, das als ganze Einheit in die Nabe, ins Pedal oder ins Innenlager eingepreßt wird. Rillenkugellager sind sehr langlebig und brauchen nicht eingestellt zu werden. Sind sie verschlissen, werden sie komplett ausgetauscht, was man allerdings besser dem Mechanikerprofi überlassen sollte.

Beim Rillenkugellager laufen die Kugeln, wie der Name sagt, zwischen zwei Rillen, eingearbeitet in die Innenseite der Außenschale und in die Außenseite der Innenschale. Rillenkugellager werden meist mit einer Dauer-Fettfüllung versehen und durch aufwendige Labyrinthdichtungen vor Schmutz und Feuchtigkeit geschützt. In ihren Abmessungen weltweit genormt, werden sie in riesigen Stückzahlen produziert und fast überall preiswert verkauft. Ersatz bekommen Sie bei Bedarf nicht nur im Fahrradfachhandel, sondern auch in den allermeisten Maschinenbau-Fachgeschäften.

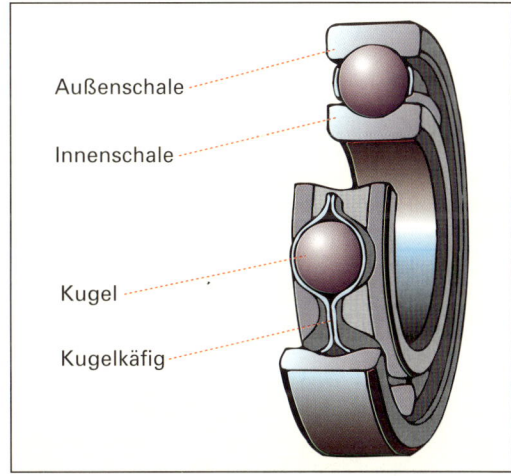

Außenschale
Innenschale
Kugel
Kugelkäfig

Bei einem Rillenkugellager laufen die Kugeln zwischen zwei Rillen, die in die Innen- bzw. Außenschale eingearbeitet sind. Rillenkugellager sind dauergeschmiert und brauchen nicht eingestellt zu werden

Laufräder aus- und einbauen

Ob wegen eines Plattfußes, wegen einer Reparatur oder zur Vorbereitung auf einen Transport im Auto – Sie werden die Laufräder regelmäßig aus- und einbauen müssen. Hier die jeweiligen Arbeitsschritte:

Vorderrad
▸ Bremse öffnen bzw. Bremszug aushängen
▸ Schnellspanner aufklappen bzw. Radmuttern lösen
▸ Vorderrad aus den Ausfallenden ziehen

Hinterrad bei Nabenschaltung
▸ Bremsankerschraube der Rücktrittbremse lösen
▸ Schaltseil abnehmen
▸ Kettenschloß öffnen
▸ Radmuttern lösen
▸ Hinterrad aus den Ausfallenden ziehen

Hinterrad bei Kettenschaltung
▸ Kette auf kleinstes Ritzel legen
▸ Bremse öffnen bzw. Bremszug aushängen
▸ Schnellspanner aufklappen bzw. Radmuttern lösen
▸ mit der rechten Hand Schaltwerk samt Kette nach hinten ziehen
▸ gleichzeitig mit der linken Hand das Hinterrad aus den Ausfallenden ziehen

Nachfolgend finden Sie die einzelnen Schritte ausführlich erläutert.

Bremse öffnen bzw. Bremszug aushängen
Soll ein Laufrad ausgebaut werden, müßen Sie zuerst einmal dafür sorgen, daß die Bereifung, die ja breiter als die Felge ist, an den Bremsen vorbeikommt. Dazu haben gute Seiten- oder Mittelzugbremsen direkt am Bremsschenkel bzw. an der Bowdenzugabstützung einen Schnellspann-hebel, der sich einfach und schnell umlegen läßt. Dadurch öffnet sich die Bremse, ohne daß die Seilzugeinstellung verändert wird.

Bei Cantileverbremsen brauchen Sie nur das Querkabel, das die beiden Bremsarme miteinander verbindet, auszuhängen. Es ist auf einer Seite mit einer Klemmschraube fixiert und kann auf der anderen dank eines Nippels schnell ausgehängt werden. Die Bremsarme öffnen sich, und das Rad kann ausgebaut werden, ohne daß sich die Bremseneinstellung verändert.

Bei einfachen Seitenzugbremsen ohne Schnellspannhebel müssen Sie die Klemmung des Bremsseils lösen, um das Laufrad ausbauen zu können. Da ist es meist einfacher etwas Luft aus dem Reifen abzulassen.

Bei Trommelbremsen müssen Sie vor dem Radausbau den Bremszug unten an dem kleinen Bremsarm aushängen.

Schnellspanner öffnen
Moderne Fahrräder haben fast ausnahmslos Schnellspanner an den Radnaben, mit denen das Laufrad am Rahmen festgeklemmt wird. Sie können ohne Werkzeug von Hand geöffnet werden.

Bei Schnellspannaben führt eine Gewindestange durch die hohlgebohrte Achse der Nabe. Auf der einen Seite befindet sich eine runde Mutter, die man von Hand leicht anziehen kann, um genügend Spannkraft zu erhalten. Auf der anderen

Gute Seitenzugbremsen sind mit einem Schnell-spannhebel ausgestattet. Dieser erlaubt es, das Laufrad auszubauen, ohne die Bremszug-einstellung zu verändern

Cantileverbremsen benötigen keinen Schnell-spannhebel. In Sekundenschnelle läßt sich das Querkabel aushängen, und das Laufrad kann ausgebaut werden

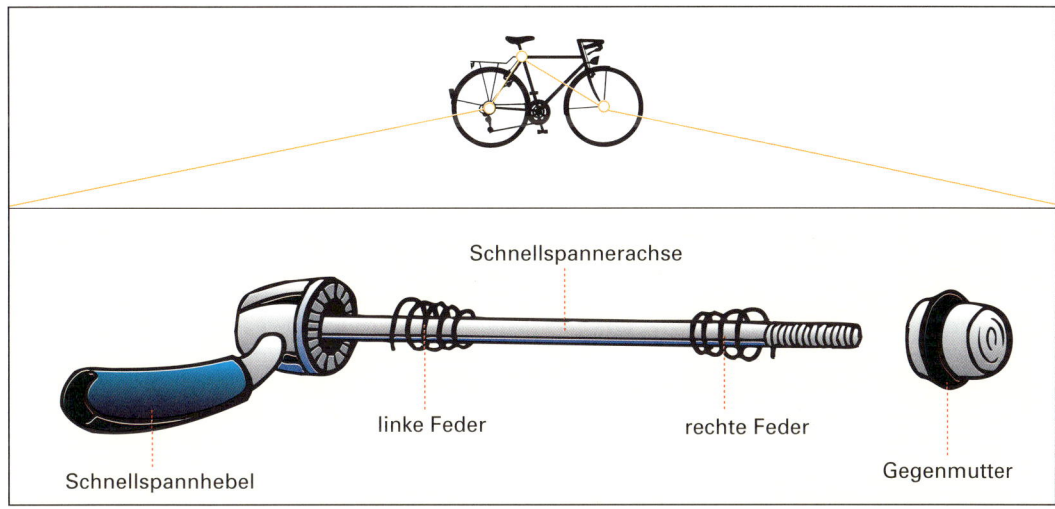

Schnellspannerachse

linke Feder

rechte Feder

Schnellspannhebel

Gegenmutter

Schnellspanner werden in der hohlgebohrten Achse der Nabe montiert und erlauben den Radausbau ohne Werkzeug

Seite sitzt der Schnellspannhebel. Wird er umgelegt, setzt ein Exzenter die Gewindestange unter Zug, und das Laufrad wird an den Ausfallenden festgeklemmt.

Will man das Rad lösen, klappt man den Schnellspannhebel auf. Läßt sich das Vorderrad jetzt noch nicht herausnehmen, dann sind die kleinen Nasen an den Ausfallenden der Gabel schuld. Sie verhindern, daß sich das Vorderrad bei versehentlich ungespanntem Schnellspanner von der Gabel löst. Beim Radausbau müssen Sie, um die

Schnellspanner können zum Radausbau von Hand aufgeklappt werden. Wird der Schnellspannhebel wieder zugeklappt, setzt er durch einen Exzenter eine Gewindestange unter Zug

Wirkung der Nasen zu kompensieren, die Gegenmutter des Schnellspanners so weit aufdrehen, bis das Vorderrad herausfällt.

Radmuttern lösen
Wenn Ihr Fahrrad mit Radmuttern (Rechtsgewinde) ausgerüstet ist, so öffnen Sie diese mit einem 15er Gabelschlüssel. Ältere Räder sind gelegentlich mit Flügelmuttern ausgestattet, die einen Radausbau ohne Werkzeugeinsatz erlauben. Das funktioniert aber nur, wenn die Flügelmuttern nicht festgerostet sind. Klopfen Sie aber in diesem Fall der Mutter bitte nicht mit einem Hammer auf die »zarten Flügel«. Sie könnten abbrechen. Umgreifen Sie die Flügelmutter besser großflächig mit einer Wasserpumpenzange.

**Hinterrad bei Nabenschaltung
aus- und einbauen**
Bei Nabenschaltungen muß zuerst das Schaltungskettchen, das durch die Radachse in die Nabe hineinführt, entfernt werden. Bei älteren Modellen wird dazu die Verschraubung gelöst, die Schaltzug und Schaltungskettchen miteinander verbindet. Bei neueren Typen muß nur eine Klemmhülse geöffnet werden. Bei Dreigang-Nabenschaltungen sitzt das Schaltungskettchen rechts auf der Kettenseite, während bei Fünf- oder Siebengang-Nabenschaltungen auf beiden Seiten je ein Schaltungskettchen in die Nabe

Um das Schaltungskettchen bei älteren Naben-schaltungen vom Schaltzug zu trennen, muß eine Verschraubung samt Kontermutter gelöst werden

Bei modernen Nabenschaltungen genügt ein Fingerdruck an der Klemmhülse, um Schaltzug und Schaltungskettchen rasch voneinander zu trennen

führt, die man natürlich beide löst. Nach dem Wiedereinbau des Hinterrades müssen Naben-schaltungen neu eingestellt werden (siehe S. 57). Da Nabenschaltungen fast ausnahmslos mit Rücktrittbremsen kombiniert sind, muß auch die Bremsabstützung gelöst werden. Dies ist ein Hebel, der gegen die linke Kettenstrebe drückt, an der er mit einer Schelle befestigt ist.

Der Radeinbau erfolgt in umgekehrter Reihenfol-ge. Bevor die Achsmuttern angezogen werden, muß noch die Kette gespannt werden. Das Lauf-rad wird nicht bis zum Anschlag in die Ausfallen-den gedrückt, sondern muß hin und her gescho-ben werden können. Die Kette ist dann richtig gespannt, wenn sie sich in der Mitte (zwischen Innenlager und Hinterradachse) etwa zwei bis drei Zentimeter bewegen läßt. Haben Sie das Laufrad mittig ausgerichtet, können Sie die Rad-muttern wieder anziehen und Schaltungskett-chen sowie Bremsabstützung montieren.

Hinterrad bei Kettenschaltung aus- und einbauen

Bei Fahrrädern mit Kettenschaltung schalten Sie hinten auf das kleinste Ritzel und vorn auf das kleine Kettenblatt. Dann ziehen Sie das Schalt-werk mit der rechten Hand nach hinten. Das Laufrad fällt jetzt bei senkrecht stehenden Aus-fallenden, wie sie bei Mountainbikes und Trek-kingrädern üblich sind, nach unten heraus. Renn- und Normalräder haben waagerechte Ausfallen-den – das Rad wird in Richtung Tretlager heraus-geschoben.

Der Einbau erfolgt umgekehrt: Sie ziehen das Schaltwerk nach hinten und führen das unterste Ritzel so an die Kette heran, daß es über dem oberen Schaltungsrädchen liegt. Schieben Sie nun die Achse der Hinterradnabe bis zum Anschlag in die Ausfallenden, und fixieren Sie sie durch Anziehen der Radmuttern bzw. durch Umlegen des Schnellspannhebels.

Um das Hinterrad bei einem mit einer Rücktritt-bremse ausgerüsteten Fahrrad demontieren zu können, muß die Verschraubung des Bremsankers an der linken Kettenstrebe gelöst werden

Um das Hinterrad bei einem mit einer Kettenschal-tung versehenen Rad auszubauen, ziehen Sie mit der rechten Hand das Schaltwerk nach hinten und nehmen das Laufrad mit der linken heraus

Jedermanns Sache:
Das Fahrrad mit Zubehör ausrüsten

Wir werden Ihnen im folgenden schildern, wie Sie Ihr Fahrrad ohne weiteres mit Schutzblechen, Gepäckträger, Ständer, Kettenschutz, Radcomputer und Beleuchtungsanlage selbst ausrüsten können. Sie erhöhen dadurch die Bequemlichkeit, die Tauglichkeit und die Sicherheit.

Viele Fahrräder werden zwar zunächst ohne viel Zubehör gekauft. Die meisten Fahrradfahrer freu-

en sich über die sportliche Linie ihres nackten Bikes und fahren erst einmal drauf los. Wer sein Fahrrad aber nicht nur als reines Sportgerät betrachtet, sondern es auch als Autoersatz im Alltag einsetzen möchte, merkt schnell, daß ein Rad ohne Licht, Schutzbleche und Gepäckträger wenig geeignet ist. Aber auch für den sportlichen Biker hat der Zubehörmarkt so manches sinnvolle Ausrüstungsteil zu bieten.

Schutzbleche

Die Zweckmäßigkeit von Schutzblechen erkennt man spätestens nach dem dritten oder vierten Regentag. Sie werden gewöhnlich fest am Rahmen und an der Gabel verschraubt. Steckschutzblechen, die nicht ganz so perfekt vor Schlamm und Wasser schützen, geben nur ausgesprochen radsportlich veranlagte Leute den Vorzug.

Verwenden Sie zur Montage der Schutzbleche, aber auch zur Befestigung des anderen Zubehörs ausschließlich Edelstahlschrauben, wie es sie in jedem gutsortierten Eisenwarengeschäft zu kaufen gibt. Diese Schrauben setzen keinen Rost an, fressen sich daher nicht fest und werden zudem auch bei hohen Belastungen selten abgerissen.

Die Schutzbleche stabilisieren Sie vorn mit einer und hinten mit zwei oder gar drei Streben. Dann sind Sie vor nervtötendem Geklapper sicher, außerdem ist die Gefahr gebannt, daß die Bleche einreißen.

Achten Sie auf die Länge eines jeden Schutzblechs: Ein zu kurz geratenes kann sich beinahe so schlimm auswirken wie gar keins. Am Vorderrad darf das Schutzblech ruhig etwas kürzer sein, man verlängert es nach Bedarf mit einem Gummilappen, hat aber die Gewißheit, daß es beim Überqueren einer Bordsteinkante nicht aufsetzt.

Gepäckträger

Gepäckträger hinten

Bei der Montage von Gepäckträgern ist darauf zu achten, daß sie völlig spannungsfrei montiert werden. Andernfalls sind Materialbrüche vorprogrammiert.

Beim hinteren Gepäckträger sollte man einer Vierpunktbefestigung immer den Vorzug geben, da die Verschraubung des Trägers mit dem Rahmen an vier statt nur an drei Punkten die Stabi-

Fest montierte Schutzbleche bieten optimalen Schutz vor Schmutz und Nässe, – das erkennt man spätestens nach dem dritten oder vierten Regentag

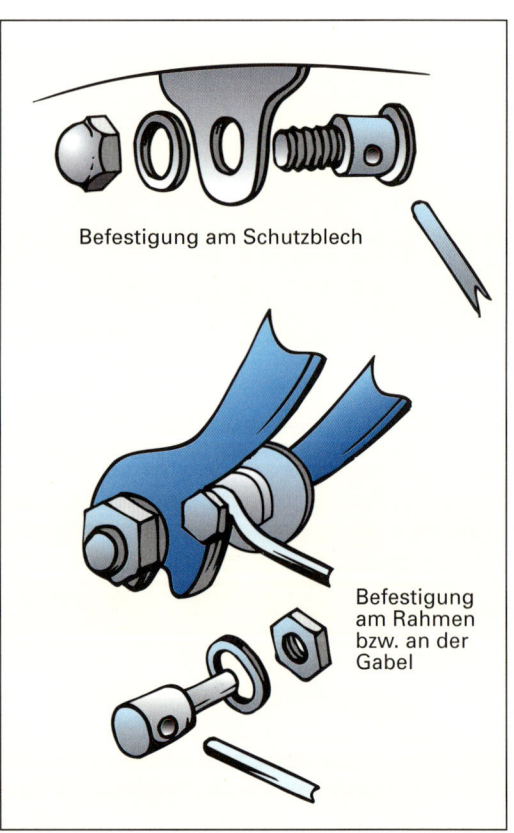

Befestigung am Schutzblech

Befestigung am Rahmen bzw. an der Gabel

Spezielle Befestigungsschrauben, in denen die Schutzblechstreben verschoben werden können, garantieren eine optimale Anpassung der Schutzbleche an jedes beliebige Fahrrad

Gepäckträger hinten: Der hintere Gepäckträger wird an speziellen Gewindebuchsen mit den Sitzstreben verschraubt. Die Verschraubung des Trägers an vier Punkten (an beiden Sitzstreben und an den Ausfallenden) garantiert höchste Stabilität

Ein Lowrider-Gepäckträger ergibt ein sehr ausgewogenes Fahrverhalten. Montiert wird er an den Ausfallenden und an speziellen Anlötteilen an den Gabelscheiden. Sollten diese nicht vorhanden sein, verwenden Sie passende Schellen

lität wesentlich verbessert. Dabei wird der Gepäckträger unten jeweils links und rechts mit den angelöteten Gewindebuchsen (Anlötteile genannt) über den Ausfallenden verschraubt und oben an zwei weiteren Punkten mit den Sitzstreben. Sollten hier keine Anlötteile vorhanden sein, können Sie sich auch mit zwei passenden Schellen behelfen, unter die Sie zum Schutz des Lacks jeweils ein Stück Fahrradschlauch legen.

Gepäckträger vorn

Soll vorn ebenfalls ein Gepäckträger montiert werden, müssen Sie sich zuerst einmal zwischen einem Lowrider-Modell und einem herkömmlichen, weiter oben montierten Träger entscheiden. Ein Lowrider-Gepäckträger bringt die Packtaschen und damit den Schwerpunkt des Gepäcks in die Nähe der Radachse, was ein sehr ausgewogenes Lenkverhalten ergibt. Einen Korb kann man darauf aber nicht abstellen. Dafür brauchen Sie einen Träger, der eine Auflagefläche über dem Vorderrad zu bieten hat.

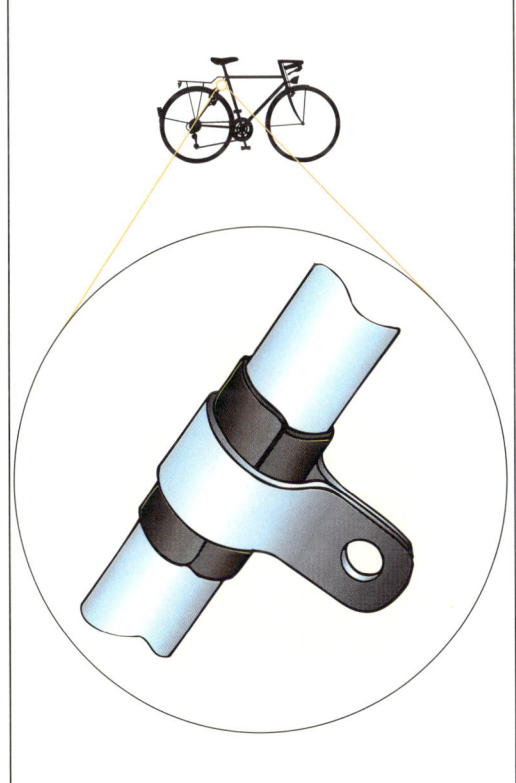

Sind an den Sitzstreben keine Gewindebuchsen zur Gepäckträgermontage vorhanden, wird dieser mittels Schellen befestigt. Zum Schutz des Lacks legen Sie ein Stück Fahrradschlauch dazwischen

Verschraubt wird der vordere Gepäckträger (Normalmodell) an den »Anlötteilen« am linken und rechten Ausfallende der Gabel, zusätzlich wird eine Schraube in das Gewinde am Gabelkopf eingedreht. Lowrider-Gepäckträger werden unten ebenfalls mit den »Anlötteilen« an den Ausfallenden der Gabel verschraubt. Da Lowrider-Träger nicht so weit nach oben reichen wie Normalmodelle, werden sie zusätzlich in der Mitte der Gabelscheiden befestigt. Dazu werden zwei Schrauben in spezielle, in die Gabelscheiden eingelötete Gewindebuchsen eingedreht. Fehlen diese eingelöteten Gewindebuchsen, behelfen Sie sich mit passenden Schellen, die Sie mit Fahrradschlauch unterlegen.

Ein am linken Ausfallende montierter Einbeinständer sorgt auch bei beladenem Rad für einen sicheren Stand. Sie können ihn ohne weiteres Zubehör an jedem Rad montieren

Ständer

Für ein Alltagsrad ist ein Ständer sinnvoll. Er läßt sich schnell anbringen. Entweder montieren Sie ihn an der Pletscherplatte (falls vorhanden) hinter dem Tretlagergehäuse, oder Sie schrauben gleich einen wesentlich standfesteren Einbeinständer hinten links ans Ausfallende. Umwickeln Sie den Rahmen aber vorher mit kräftigem Gewebeband oder mit einem Stück Fahrradschlauch.

Bei einem hinter dem Tretlager montierten Ständer können Sie wählen zwischen einem normalen Seitenständer und einem Mittelständer, der sich beim Einklappen von selbst zusammenfaltet. Er hat zudem den Vorteil, daß das Hinterrad frei ist, sobald das Rad aufgebockt wird, und Sie so problemlos die Kette schmieren oder die Schaltung einstellen können.

Kettenschutz

Wer ausschließlich sportlich radfährt, also immer enganliegende Radkleidung trägt, braucht keinen Kettenschutz. Wer aber mal schnell in Jeans oder Rock zur Post radelt oder mit dem Rad den Einkauf erledigt, wird sich schnell über die zerrissene und von Kettenschmiere geschwärzte Garde-

robe ärgern und sich einen Kettenschutz wünschen. Es ist kein großes Problem, einen Kettenschutz an einem Fahrrad mit Nabenschaltung anzubringen, schwieriger wird es bei Kettenschaltungen. Achten Sie auf reichlich dimensionierte Aussparungen für den Umwerfer vorn, und lassen Sie sich nicht entmutigen, wenn der nächstbeste Radhändler den Kopf schüttelt und behauptet, an Ihrem Kettenschaltungsrad ließe sich kein Kettenschutz montieren. Mit etwas Fingerspitzengefühl ist es meist doch zu schaffen.

Ein guter Kettenschutz (Musterbeispiel: Hollandrad) schützt nicht nur Ihre Kleidung vor dem gefürchteten Schmierfett, sondern auch die Kette vor Regen und Dreck. Solch einen geschlossenen Kettenkasten an einem Normalrad zu montieren ist aber eine Herausforderung, der sich nur »gewiefte Schrauber« stellen sollten; in Verbindung mit einer Kettenschaltung ist es gar unmöglich. Hinten wird der Kettenschutz an dem »Anlötteil« am Ausfallende befestigt, an dem auch Schutzbleche und Gepäckträger montiert werden. Vorn befindet sich bei Normalrädern meist ein am Sitzrohr angelöteter bzw. ange-

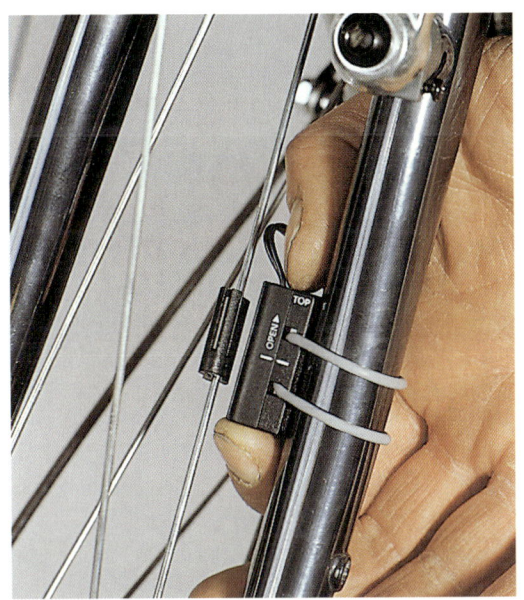

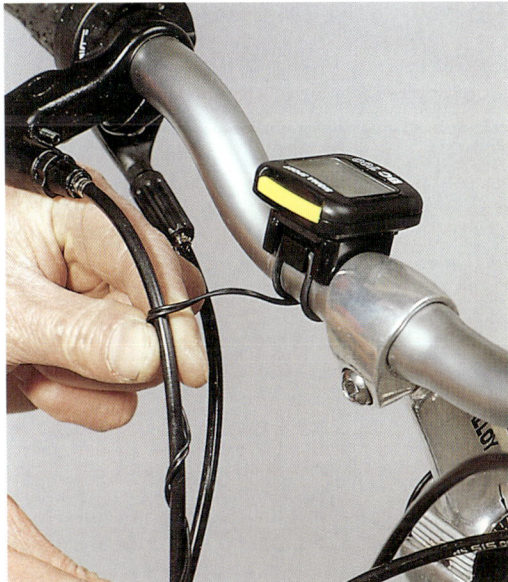

Ein an der Gabelscheide mittels Gummiringen befestigter Sensor erhält von einem Speichenmagneten Impulse und übermittelt diese dem am Lenker montierten Radcomputer

Das vom Sensor kommende Kabel wickeln Sie um den Bowdenzug der vorderen Bremse herum bis hinauf zum Radcomputer am Lenker. So kann es nicht abgerissen werden

schweißter Befestigungsbügel, an dem der Kettenschutz festgeschraubt wird. Ist dieser Befestigungsbügel nicht vorhanden, können Sie sich mit einer Schelle behelfen.

Radcomputer

Beginnen Sie damit, den Magneten, der dem Radcomputer die Umdrehungszahl des Vorderrads mitteilt, an einer Speiche anzubringen. Anschließend befestigen Sie den Sensor, der die Aufgabe hat, die Impulse des Speichenmagneten berührungslos zu empfangen, mit dem mitgelieferten Gummiring an der Gabelscheide. Richten Sie ihn dabei so aus, daß zwischen Magnet und Sensor ein Spalt von ein bis zwei Millimetern besteht.

Haben Sie ein drahtloses Tachomodell gewählt, sind Sie jetzt fast schon fertig. Andernfalls müssen Sie noch schnell das Kabel hinauf zum Lenker verlegen. Wickeln Sie es gleichmäßig um die Gabelscheide, bis Sie oben an der Bremse angelangt sind und dann weiter um den Bowdenzug der Bremse herum bis hinauf zum Vorbau/Lenker. Kontrollieren Sie, ob das Kabel beim Betätigen der Bremse und beim Lenken nirgends eingeklemmt wird. Der Radcomputer selbst wird mittels eines Gummirings am Lenker befestigt.

Damit Ihr Radcomputer mittels der eingebauten Uhr aus der Information über die Raddrehzahl Geschwindigkeit und zurückgelegte Wegstrecke errechnen kann, müssen Sie ihm noch eingeben, welchen Abrollumfang Ihr Vorderrad hat. In der Montageanleitung des jeweiligen Herstellers ist beschrieben, wie Sie vorgehen müssen. Mitunter reicht es aus, den Raddurchmesser einzugeben, und der Computer errechnet dann den Umfang selbst. Wenn dies nicht der Fall sein sollte, multiplizieren Sie den möglichst genau gemessenen Durchmesser einfach mit dem konstanten Wert Pi ($\pi = 3{,}14$), der das Verhältnis von Kreisumfang zu Kreisdurchmesser angibt, und tippen Sie den erhaltenen Wert in den Radcomputer ein.

Richtige Beleuchtung

Investieren Sie in Ihre Lichtanlage nicht zu wenig: Die Mühe und das notwendige Geld lohnen sich. Eine billige oder schlampig angebrachte Anlage kann zur Quelle ständigen Ärgers werden.

Dynamotypen

Folgende Dynamotypen stehen zur Wahl:

▶ Reifendynamo: läuft auf der Reifenflanke und wird an Sitzstrebe oder Gabel montiert,
▶ Felgendynamo: läuft auf der Felgenflanke und wird ebenfalls seitlich an Sitzstrebe oder Gabel montiert,
▶ Rollendynamo: läuft auf der Reifenlauffläche und wird hinter dem Tretlager montiert und
▶ Speichendynamo: wird an der Radnabe montiert und von einem kleinen, in die Speichen greifenden Hebel angetrieben.

Sie müssen also zuerst einmal den für Ihre Zwecke optimalen Dynamo wählen. Die einzelnen Modelle haben ihr Für und Wider: So läuft beispielsweise der Speichendynamo als einziger auch bei Nässe oder Schnee völlig schlupffrei, zudem verfügt er über ein internes Getriebe, das ihn auch bei langsamer Bergfahrt ordentlich auf Schwung hält und so für ausreichendes Licht sorgt.

Der Rollen- oder Walzendynamo lohnt sich dann, wenn das »Kraftwerk« leicht, unauffällig und effektiv sein soll. Er wird hinter dem Tretlagergehäuse angebracht und läuft leicht und reifenschonend. Voraussetzung ist eine völlig glatte Reifenlauffläche: Stollenreifen, oft bei Mountainbikes oder Trekkingrädern anzutreffen, sind für diesen Dynamotyp nicht geeignet. Bei Schnee und Nässe rutscht er allerdings gelegentlich durch, außerdem verschmutzt er ziemlich schnell.

Reifen- und Felgendynamos rutschen bei Feuchtigkeit und bei Schnee ebenfalls leicht durch und sind durch ihre seitliche Montage sturzgefährdet. Ein weiteres Problem gibt es bei Reifendynamos: Sind sie nicht richtig montiert, kann es vorkommen, daß der Reifen beschädigt wird.

Der Speichendynamo wird an der Radachse montiert und von einem kleinen, in die Speichen greifenden Hebel angetrieben. Das Lichtkabel führen Sie dann an der Gabelscheide entlang hinauf zum Scheinwerfer

Ein Rollen- oder Walzendynamo ist ein leichter, unauffällig hinter dem Tretlagergehäuse montierter Stromerzeuger. Die Verkabelung muß sorgfältig erfolgen, damit beim Pedalieren nichts abreißt

Der Reifendynamo läuft seitlich an der Reifenflanke und wird entweder an der Sitzstrebe oder an einer Gabelscheide montiert

Montage des Dynamos

Achten Sie bei der Montage auf festen Sitz und auf guten Kontakt zum Rahmen, da dieser ja in den Stromkreislauf miteinbezogen ist. Meist ist zu diesem Zweck ein kleiner, spitzer Dorn am Dynamo vorhanden, der sich durch den Lack bis aufs Metall durchdrückt und so dafür sorgt, daß der Strom ungehindert fließen kann. Zur Not kann hier an der Kontaktstelle mit einer kleinen Feile etwas nachgeholfen werden. Bedenken Sie bei der Montage auch die Position eventuell zum Einsatz kommender Packtaschen und an ausreichende Fersenfreiheit, sollte der Dynamo an den Sitzstreben montiert werden.

Scheinwerfer

Entscheiden Sie sich unbedingt für ein modernes Halogenlicht, um die nicht gerade üppigen 2,4 Watt optimal zu nutzen. Damit die sehr empfindlich auf Überspannung reagierenden Halogenbirnen nicht gleich bei der ersten rauschenden Abfahrt durchbrennen, müssen diese Scheinwerfer immer mit einer spannungsbegrenzenden Diode versehen sein. Ebenso tragen die Formen von Reflektor und Streuscheibe in hohem Maße dazu bei, daß das Licht auch dorthin gelangt, wo Sie es brauchen, nämlich auf die Fahrbahn.

Bedenken Sie bei der Montage, daß ein seitlich an der Gabel montierter Scheinwerfer wesentlich sturzgefährdeter ist als ein mittig montierter.

Rücklicht

Dank eines ausgeklügelten Reflektors holt ein modernes Rücklicht aus den ihm zugewiesenen 0,6 Watt das Bestmögliche heraus und sorgt zusammen mit den Rückstrahlern dafür, daß der Radfahrer ausreichend zu sehen ist. Beim Ampelstop aber stehen Sie buchstäblich im Dunkeln. Leider wurden die genialen, auch im Stand weithin sichtbaren und extrem sparsamen Diodenrücklichter vom Gesetzgeber bislang noch nicht in die StVZO aufgenommen.

Das heißt im Klartext für Sie: Diese batteriebetriebenen Diodenrücklichter sind nur als zusätzliche Absicherung zum normalen, dynamobetriebenen Rücklicht zugelassen.

Ein moderner Halogenscheinwerfer nutzt die vom Dynamo erzeugte Leistung optimal aus. Das Kabel führen Sie abrißsicher entlang des Bowdenzugs für die Schaltung

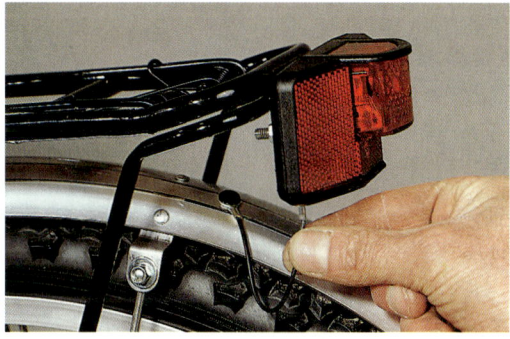

Ein am Gepäckträger montiertes Rücklicht mit integriertem Rückstrahler. Durch ein stromführendes Schutzblech können Sie die Kabel kurz halten und dadurch die Zuverlässigkeit Ihrer Lichtanlage steigern

Montiert wird das Rücklicht entweder am Schutzblech, am Gepäckträger oder – sollte es sich um ein Rad ohne dieses Zubehör handeln – direkt am Rahmen. Am besten seitlich an der Sitzstrebe bzw. an der Sattelstütze.

Akkubeleuchtung

Da die kümmerlichen 2,4 Watt des Frontscheinwerfers einer Dynamolichtanlage bei flotter Fahrt bald nicht mehr ausreichen, werden Vielfahrer früher oder später bei einer leistungsfähigen, wiederaufladbaren Akkubeleuchtung als Zusatzbeleuchtung landen. Eine Leistung von bis zu 20

Watt (dann häufig in Abblend- und Fernlicht unterteilt) in Verbindung mit einer meist zwischen zwei und drei Stunden liegenden Brenndauer bringt den nachtaktiven Radler auch in finsterster Nacht sicher nach Hause. Die Akkus werden in speziellen Rahmentaschen untergebracht oder elegant in eine Trinkflasche eingebaut.

Da Akkulichtanlagen als Zusatzbeleuchtung konzipiert sind, werden sie meist mittels Klettverschlüssen oder Spannriemen am Fahrrad befestigt oder auf mitgelieferte, mit dem Rahmen fest verschraubte Adapter aufgesteckt.

Verkabelung der Lichtanlage

Vom Standpunkt der Elektrik aus betrachtet, genügen die üblicherweise verwendeten, extrem dünnen Drähte völlig. Leider aber reicht schon eine ungeschickte Berührung aus, sie abreißen zu lassen. Wenn Sie sich an der etwas derberen Optik eines robusten, kräftigen Drahtes aus dem Elektrosortiment nicht stören, verkabeln Sie Ihre Lichtanlage damit, und freuen Sie sich dann über die stark erhöhte Zuverlässigkeit. Es könnte ein

PRAXIS TIP

Sie können die Zuverlässigkeit Ihrer Lichtanlage noch weiter erhöhen, indem Sie die Kabel mit Kabelbindern, Klebeband oder – die unauffälligste Variante – mit Tesafilm am Rahmen befestigen.

flexibler Draht (1 mm^2 Querschnitt reicht völlig aus) sein, wie Sie ihn beispielsweise in der Anschlußschnur eines alten, defekten Elektrogerätes finden. Notfalls fragen Sie einfach einen Elektriker.

Wenn Sie die blanken Enden noch mit einem Lötkolben verzinnen, können Sie sicher sein, daß keine den Widerstand erhöhende Korrosion entstehen kann.

Auch stromführende Schutzbleche empfehlen wir: Sie sorgen in dem sensiblen Bereich der Lenkung und des Hinterrades dafür, daß die Wahrscheinlichkeit eines Kabelbruchs drastisch abnimmt.

Das muß jeder können:
Notreparaturen »on the road«

Womit darf man beim Pannenteufel rechnen? Er wird Sie gewiß immer beehren, wenn Sie am wenigsten damit rechnen. Gut, wenn dann die Nerven nicht blankliegen, weil man wegen der Reparatur unterwegs keine Bange hat: Mit etwas Improvisationstalent, einem Minimum an Werkzeug und dem notwendigen Know-how sind Notreparaturen meist schnell erledigt. Souverän werden Sie die Situation beherrschen, wenn Sie unsere Tricks und Tips zur Pannenhilfe beherzigen. Folgen Sie dem Motto: »Lieber schlecht gefahren als gut geschoben«. Machen Sie sich aber bitte bewußt, daß es sich oftmals – vor allem, wenn es um die Bremsen oder die Lenkung geht – wirklich um Notreparaturen handelt. Fahren Sie also dementsprechend vorsichtig und beheben Sie, zu Hause angekommen, den Schaden mit der gebotenen Sorgfalt.

Werkzeug und Ersatzteile für unterwegs

Bei der Zusammenstellung des Werkzeugs für unterwegs geht es darum, mit einem Minimum an Aufwand (Gewicht und Volumen) ein Maximum an Flexibilität zu erreichen. Natürlich variiert die Auswahl an Schlüsseln je nach Fahrradtyp, aber Sie werden schnell herausbekommen, was für Ihren Drahtesel notwendig ist und was nicht. Das Bordwerkzeug sollte so zusammengestellt werden, daß es in einer kleinen Werkzeugtasche Platz findet, die entweder im Rahmendreieck oder besser unter dem Sattel montiert wird. So haben Sie das Werkzeug immer dabei, auch wenn Sie ohne Gepäck unterwegs sind. Ein Putzlappen, in den das Werkzeugset eingewickelt wird, verhindert nervtötendes Geklapper.

Es bietet sich auch an, einmal im Fahrradgeschäft nach kompakten Multifunktionswerkzeugen zu fragen. Weit verbreitet sind Taschenwerkzeuge, die ihre Ähnlichkeit mit Schweizer' Offiziersmessern nicht verbergen können. Meist ver-

einen sie Innensechskantschlüssel, Schraubendreher, Gabelschlüssel, manchmal sogar noch zusätzlich einen Reifenheber oder Kettennieter.

Die Luft ist raus

Sicherlich gehört diese Panne zur häufigsten Art der unerwünschten Fahrtunterbrechungen. Glücklicherweise ist ein Plattfuß aber schnell und meist auch problemlos zu beheben. Sie haben dabei zwei Möglichkeiten: entweder Sie montieren einen neuen Schlauch oder Sie flicken den alten. Da es beispielsweise in strömendem Regen nahezu unmöglich ist, einen Schlauch zu flicken, sollte man zumindest auf längeren Touren einen Ersatzschlauch dabeihaben. Platzt Ihnen unterwegs ein Schlauch, dann können Sie sich, falls kein Ersatz zur Hand ist, damit behelfen, daß Sie einfach die beiden Enden verknoten und den Schlauch dann wieder unter die Reifendecke befördern. Durch den Reifendruck wird sich der Schlauch gleichmäßig verteilen.

Ein sorgfältig zusammengestelltes Werkzeug- und Ersatzteilsortiment können Sie problemlos in einer kleinen Werkzeugtasche am Fahrrad unterbringen. Damit sind Sie in der Lage Notreparaturen sowie kleinere Wartungsarbeiten durchzuführen

Checkliste: Werkzeug und Ersatzteile für unterwegs

Liegt Ihr Bordwerkzeug bereit?	JA	NEIN
▶ drei kleine Reifenheber aus Kunststoff	🚲	👓
▶ Flickzeug mit Schmirgelpapier und Vulkanisierflüssigkeit	🚲	👓
▶ Luftpumpe	🚲	👓
▶ Ersatzschlauch (nur für längere Touren)	🚲	👓
▶ Nippelspanner	🚲	👓
▶ Kettennieter	🚲	👓
▶ Zahnkranzabzieher (nur bei Kettenschaltung und nur für längere Touren)	🚲	👓
▶ Schraubendreher (Kreuzschlitz oder normal, je nach Bedarf)	🚲	👓
▶ diverse Innensechskantschlüssel (nach Bedarf)	🚲	👓
▶ Gabelschlüssel (nach Bedarf, meist 8 mm/10 mm/15 mm)	🚲	👓
▶ kleine Spitzzange	🚲	👓
▶ etwas Bindedraht	🚲	👓
▶ eine Rolle Isolierband	🚲	👓
▶ ein halbes Dutzend Kabelbinder	🚲	👓
▶ drei Schlauchschellen (für Rohrdurchmesser 20–30 mm)	🚲	👓
▶ Ersatzbremszug (lange Ausführung für hinten)	🚲	👓
▶ Ersatzschaltzug (lange Ausführung für hinten)	🚲	👓
▶ Ersatzspeichen (unterschiedliche Längen beachten) und/oder Reparatur- oder Notspeichen	🚲	👓
▶ zwei oder drei Kettenglieder bzw. zwei Kettenschlösser (für Nabenschaltung oder Räder ohne Gangschaltung)	🚲	👓

Checkliste: Reifenpanne beheben

	ABHAKEN
1. Reifen nach eingedrungenen Gegenständen absuchen. Ist der verursachende Gegenstand entdeckt, entfernen Sie ihn und fahren Sie fort mit Punkt 3.	🚲
2. Ist die Pannenursache nicht zu entdecken, Laufrad ausbauen.	🚲
3. Mit den Reifenhebern Reifen gegenüber dem Ventil von der Felge hebeln.	🚲
4. Schlauch herausziehen, Loch suchen (Wasserbad/Luftstrom), Pannenursache beseitigen, falls noch nicht geschehen.	🚲
5. Beschädigte Stelle aufrauhen, Klebstoff auftragen, trocknen lassen und Flicken auflegen.	🚲
6. Schlauch leicht aufpumpen und wieder zwischen Reifen und Felge legen.	🚲
7. Reifen, am Ventil beginnend, wieder auf die Felge hebeln.	🚲
8. Reifen aufpumpen und auf gleichmäßigen Sitz auf der Felge prüfen.	🚲
9. Laufrad wieder einbauen.	🚲

Schlauch herausnehmen und Pannenursache herausfinden

Ist das Corpus delicti, meist ein spitzer, scharfer Gegenstand, zu sehen, wird es entfernt, und Sie können sich den Radausbau sparen. Es reicht, den Reifen im betreffenden Abschnitt mit Reifenhebern von der Felge zu hebeln, den Schlauch herauszuziehen und zu flicken.

Sollte ein Stein oder ähnlich fester Gegenstand bis auf die Felge durchgeschlagen haben, dann ist die Pannenursache klar, und Sie können das Laufrad im Rahmen belassen.

Ist die Ursache für den »Plattfuß« nicht offensichtlich, muß das Laufrad ausgebaut (siehe S. 19) und der Schlauch herausgenommen werden. Der geflickte Schlauch ist nämlich gleich wieder platt, wenn der Gegenstand, der den Platten verursacht hat, noch immer im Reifen steckt.

Der Reifen wird gegenüber dem Ventil ins Felgenbett gedrückt und mit einem Reifenheber von der Felge gehebelt. Mit weiteren Reifenhebern wird er anschließend vollständig von der Felge gehebelt und abgenommen.

Bevor Sie den Schlauch herausnehmen, markieren Sie mit einem Stück Kreide oder ähnlichem seine Einbaulage. Achten Sie darauf, den Reifen nicht auf der Felge zu verdrehen. So können Sie, haben Sie das Loch im Schlauch erst entdeckt, problemlos den Nagel, Glassplitter oder Dorn ausfindig machen und entfernen. Auch eine innen über den Speichennippel hinausragende Speiche kann für ein Loch im Schlauch verantwortlich sein. Ist dies der Fall, muß die betreffende Speiche abgefeilt oder durch ein Stück Gummi oder ähnliches abgedeckt werden.

Wieder zurück zum Schlauch: Ins Wasser gehalten, zeigen aufsteigende Luftblasen schnell an, wo er leckt. Haben Sie kein Wasser zur Verfügung, halten Sie sich den leicht aufgepumpten Schlauch ans Gesicht: Die undichte Stelle verrät sich durch den Luftstrom. Ein undichtes Ventil wird durch aufgetupften Speichel entlarvt: Bilden sich Blasen, muß es ausgewechselt werden. Nachdem das Corpus delicti aus der Reifendecke entfernt worden ist, wird der Schlauch geflickt.

Mit einem Reifenheber hebeln Sie den Reifen gegenüber dem Ventil über die Felge. Mit weiteren Reifenhebern können Sie ihn völlig von der Felge hebeln und anschließend den Schlauch herausnehmen

Rauhen Sie den Schlauch rund um das Loch mit einem Stück Schleifpapier auf. Dadurch stellen Sie sicher, daß der Flicken optimal haftet

Streichen Sie die beschädigte Stelle gleichmäßig mit Gummilösung ein. Die eingestrichene Fläche sollte etwas größer sein als der ausgewählte Flicken

Ist die Gummilösung soweit getrocknet, daß sie bei Berührung mit dem Finger keine Fäden mehr zieht, können Sie den Flicken andrücken und zu den Rändern hin glattstreichen

Haben Sie den Reifen wieder montiert und aufgepumpt, prüfen Sie anhand des umlaufenden Strichs auf der Reifenflanke noch schnell, ob dieser rundherum gleichmäßig auf der Felge sitzt

Schlauch flicken

Zunächst rauhen Sie den Schlauch rund um die beschädigte Stelle auf und bestreichen diese mit Gummilösung. Dann heißt es zu warten, bis diese soweit getrocknet ist, daß sie bei Berührung mit dem Finger keine Fäden mehr zieht. Jetzt wird der Flicken fest angedrückt und zu den Rändern hin glattgestrichen. Die dünne Klarsichtfolie über dem Flicken kann an ihrem Platz verbleiben. Sie verhindert, daß der Flicken innen am Reifen festklebt.

Schlauch und Reifen montieren

Der Schlauch wird nun leicht aufgepumpt und wieder zurück zwischen Reifen und Felge befördert. Vorsicht ist bei der Handhabung der Reifenheber geboten: nur zu leicht wird dabei der Schlauch eingequetscht und beschädigt. Beginnen Sie immer am Ventil, den Reifen auf die Felge zu hebeln. Ist der Reifen montiert und aufgepumpt, prüfen Sie abschließend, ob er sauber und gleichmäßig auf der Felge sitzt und ohne größeren Höhenschlag läuft. Auf der Reifenflan-

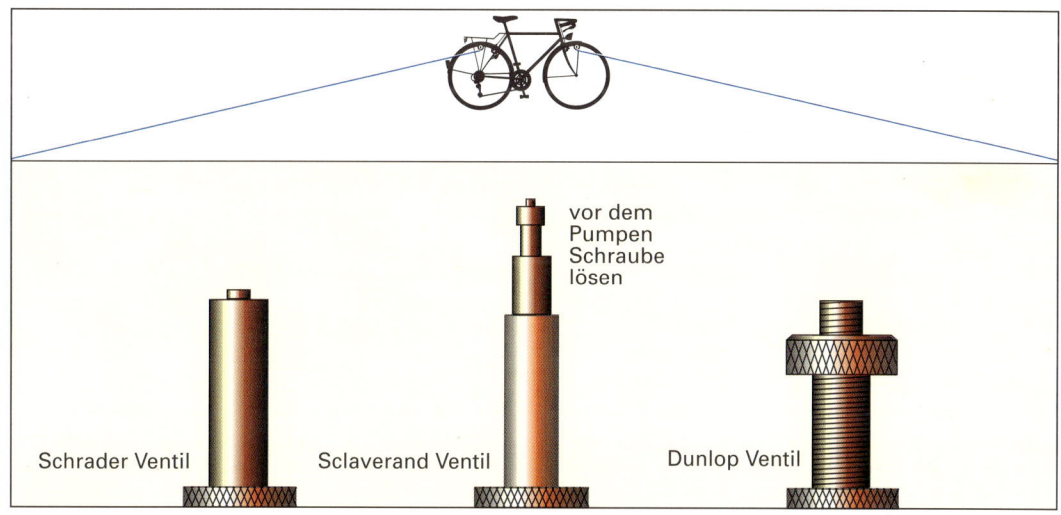

vor dem Pumpen Schraube lösen

Schrader Ventil   Sclaverand Ventil   Dunlop Ventil

Achten Sie darauf, immer die richtige, zum Ventil passende Luftpumpe zu verwenden. Nur Schläuche mit Schrader-Ventil können Sie an der Tankstelle aufpumpen

ke befindet sich meist ein umlaufender Strich, an dem Sie kontrollieren können, ob der Abstand zur Felge rundherum gleichmäßig ist.

Hat Sie der »Pannenteufel« einmal ohne Flickzeug erwischt, können Sie sich lästiges Schieben durch eine pralle Gras- oder Strohfüllung ersparen

PRAXIS TIPS

Sollte Ihr Rad einmal »auf der Felge« stehen, ohne daß Sie Flickzeug oder Luftpumpe dabeihaben, ist das kein Grund zu verzweifeln. Hier zwei praxiserprobte Tricks:

▶ Stopfen Sie den Reifen fest mit Gras, Blättern, Tannenzapfen oder mit Zeitungspapier aus.

▶ Auch ein seitlich aufgerissener Reifen läßt sich meist notdürftig flicken. Hindern Sie den Schlauch durch ein zwischen Reifen und Schlauch gelegtes Stück Baumrinde oder Pappe daran, herauszuquellen.

Ersetzen Sie den Reifen nach der Tour schnellstmöglich.

Was tun, wenn die Kette reißt?

Wenn Ihnen dieses Malheur passiert, haben Sie zwei Möglichkeiten: Entweder Sie stellen den Sattel tiefer und verwenden Ihr Rad als Laufrad oder – weitaus effektiver – Sie flicken die Kette. Nur bei Kettenschaltungen sind die Kettenglieder vernietet, bei Rädern ohne Schaltung bzw. bei mit Nabenschaltung ausgerüsteten Fahrrädern wird die Kette von einem Kettenschloß zusammengehalten.

Kettenriß bei Nabenschaltungen

Prüfen Sie zuerst einmal, ob die Kette wirklich gerissen ist oder ob sich nur die Sicherungslasche des Kettenschlosses gelöst hat. Das ist meist dann der Fall, wenn die U-förmige Sicherungslasche falsch montiert wurde: Der geschlossene Bogen des »U« muß immer in Kettenlaufrichtung zeigen. Andernfalls können die offenen Enden leicht irgendwo hängenbleiben, wenn die Kette einmal »peitscht«, und dabei heruntergehebelt werden. Verbinden Sie die Kette in diesem Fall einfach wieder durch das Ersatzket-

tenschloß. Mit der kleinen Spitzzange läßt sich die Sicherungslasche problemlos in die Nut der beiden betroffenen Kettenbolzen schieben, wo sie einrastet.

Ist die Kette gerissen, entfernen Sie das beschädigte Glied mit dem Kettennieter, indem Sie den betreffenden Kettenbolzen komplett herausdrücken. Verbinden Sie die Kette wieder mit einem Ersatzkettenschloß. Wenn die Kette jetzt zu kurz ist, das Hinterrad in den Ausfallenden also zu weit nach vorn wandert, müssen Sie ein zusätzliches Kettenglied und ein zweites Kettenschloß einbauen.

Anschließend wird die Spannung der Kette so eingestellt, daß diese sich in der Mitte zwischen Tretlager und Hinterradachse etwa zwei bis drei Zentimeter bewegen läßt. Die Kettenspannung können Sie verändern, indem Sie die Radmuttern der Hinterradachse lösen und dieses entsprechend vor- oder zurückschieben. Abschließend sind die Radmuttern wieder anzuziehen.

Kettenriß bei Kettenschaltungen

Bei einer Kettenschaltung muß eine gerissene Kette neu vernietet werden. Deshalb drücken Sie

Sicherungslasche

Kettenlaufrichtung

Bei Fahrrädern ohne Gangschaltung bzw. mit Nabenschaltung wird die Kette mit einem Kettenschloß verbunden. Das geschlossene Ende der U-förmigen Sicherungslasche muß dabei immer in Kettenlaufrichtung weisen

An Fahrrädern, die mit einer Kettenschaltung ausgerüstet sind, muß die gerissene Kette mit einem speziellen Werkzeug, einem Kettennieter, vernietet werden

den entsprechenden Kettenbolzen vorsichtig so weit heraus, bis die innere, schmale Kettenlasche des beschädigten Gliedes frei wird und Sie dieses entfernen können, der Kettenbolzen aber noch in der Außenlasche steckenbleibt. Sind nur ein oder zwei Glieder beschädigt, brauchen Sie kein Ersatzglied einzusetzen. Das hintere Schaltwerk gleicht solch geringe Längenunterschiede der Kette durch seinen Federmechanismus automatisch aus.

Die beiden Enden der Kette werden wieder miteinander vernietet, indem der herausgedrückte Bolzen von der gegenüberliegenden Seite eingepreßt wird. Achten Sie darauf, daß der Bolzen nach dem Vernieten auf beiden Seiten gleich weit übersteht. Meist ist das vernietete Kettenglied etwas steif. Es wird durch Hin- und Herbiegen von Hand wieder beweglich gemacht.

PRAXIS 🚲 TIP

Ist die Kette nach dem Vernieten deutlich kürzer als vorher, kann es sein, daß sie für die Kombination großes Kettenblatt vorn und größtes Ritzel hinten zu kurz ist. Vermeiden Sie es also auf der Weiterfahrt, diesen Gang einzulegen.

Selbsthilfe bei abgerissener oder stark beschädigter Schaltung

Bei Kettenschaltungen ist das »Getriebe« Ihres Fahrrads äußerst anfällig. Im Gegensatz zu Nabenschaltungen, wo es gut geschützt im Inneren der Nabe sitzt, ist es recht exponiert.

Beschädigtes Schaltwerk reparieren

Ein in die Speichen geratener Ast oder gar ein Sturz können schnell zu einem abgerissenen Schaltwerk führen. Öffnen Sie in diesem Fall einfach die Kette mit dem Kettennieter und montieren Sie sie – gekürzt – unter Umgehung des Schaltwerks auf einem mittleren Gang. So machen Sie aus Ihrem 14-, 18-, 21- oder 24-Gänger ein Ein-Gang-Fahrrad und können problemlos nach Hause pedalieren. Das kaputte Schaltwerk wird demontiert oder mit einem Stück Draht oder Kabelbinder nach oben gebunden, damit es nicht mit der Kette in Berührung kommen kann.

Durch eine mechanische Einwirkung am Schaltwerk wird oft auch das Gewindeauge am rechten

Bei beschädigtem Schaltwerk legen Sie die Kette einfach auf einen mittleren Gang und kürzen diese entsprechend. Damit das Schaltwerk nirgends streift, fixieren Sie es mit Kabelbindern

Reißt Ihnen unterwegs der Schaltzug für den Umwerfer, legen Sie die Kette einfach auf das gewünschte Kettenblatt, und fixieren Sie den Umwerfer mit einem Stück Holz in dieser Position

hinteren Ausfallende – an ihm ist das Schaltwerk verschraubt – verbogen. Ist dies der Fall, muß es gerichtet werden. Ein verbogenes Schaltungsauge zu richten ist eine Arbeit für den Profimechaniker.

Der Umwerfer ist verbogen

Bei einem Schaden am Umwerfer gehen Sie folgendermaßen vor: Legen Sie die Kette auf das mittlere Kettenblatt (bei drei Kettenblättern) bzw. auf das kleine Kettenblatt (bei zwei Kettenblättern). Anschließend demontieren Sie den Umwerfer, nachdem Sie das Kettenleitblech geöffnet und die Kette herausgenommen haben. Sie können den Umwerfer auch einfach auf die andere Seite drehen. Mit dem hinteren Schaltwerk können Sie nach dieser Notreparatur weiterhin schalten.

Was tun bei gerissenen Schaltzügen?

Ist der Seilzug des Umwerfers mal gerissen, schwenkt dieser automatisch nach innen, und Sie können nur noch auf dem kleinen Kettenblatt fahren. Legen Sie die Kette einfach von Hand auf das mittlere Blatt (bei Dreifach-Kettenblättern) bzw. auf das kleine (bei Zweifach-Kettenblättern). Blockieren Sie den Umwerfer in dieser Position mit einem in den Hebelmechanismus gesteckten, passend geschnitzten Stück Holz so, daß die

Kette nicht am Ketttenleitwerk des Umwerfers streifen kann.

Ist der Seilzug des hinteren Schaltwerks gerissen, müssen Sie sich mit dem größten Gang – in ihm befindet sich das Schaltwerk dann automatisch – abfinden. Das Schaltwerk läßt sich, anders als der Umwerfer, nicht in einer beliebigen Position blockieren.

Das große Kettenblatt ist verbogen

Bei unvorsichtigen Mountainbikern kann es vorkommen, daß sie mit den Kettenblättern auf einem Fels oder querliegenden Baumstamm aufsitzen. Dann ist meist das große Kettenblatt verbogen.

Ist es so stark verbogen, daß die Kette auf dem mittleren Kettenblatt laufend eingeklemmt wird, muß es gerichtet werden. Dies geschieht am besten mit einem kleinen verstellbaren Schraubenschlüssel. Auf die Stärke des Kettenblattes eingestellt, steht Ihnen mit diesem Werkzeug ein ausreichend langer Hebel zur Verfügung, um das Kettenblatt zurückzubiegen. Zur Not geht es auch mit einem Gabelschlüssel und zwischengelegten Distanzstücken.

Stark beschädigte Zähne werden anschließend mit einer kleinen Feile oder notfalls mit einem rauhen Stein wieder in eine annehmbare Form gebracht.

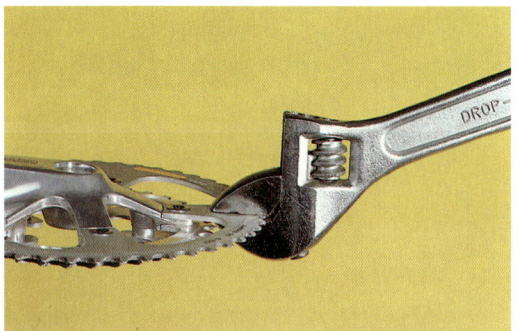

Ein verbogenes Kettenblatt können Sie mit einem verstellbaren Gabelschlüssel wieder in seine ursprüngliche Form bringen

Wenn Sie das Ritzelpaket mit Kabelbindern an den Speichen festzurren, können Sie auch mit einem defekten Freilauf heimwärts pedalieren. Aber Vorsicht: die Kurbeln drehen sich jetzt unentwegt

Wenn der Freilauf defekt ist

Der Freilauf sorgt dafür, daß nur in Tretrichtung Kraft übertragen werden kann. Brechen die Sperrklinken im Freilauf, treten Sie wirkungslos ins Leere. Mit dem Bindedraht oder den Kabelbindern aus Ihrem Werkzeugtäschchen können Sie das größte Ritzel mit den Speichen verzurren.

Das Ritzel sollte stramm mit den Speichen verzurrt werden, da jegliches Spiel sofort größer wird und Draht oder Kabelbinder dann leicht abreißen. Sie sollten aber mit nicht allzu großem Druck in die Pedale treten und nicht vergessen, daß Sie jetzt keinen Freilauf mehr haben. Sie können also nicht plötzlich mit dem Pedalieren aufhören, da die Kurbeln sich unentwegt drehen.

Brems- oder Schaltzug provisorisch flicken

Einen Ersatzseilzug für die Bremse und für die Schaltung sollten Sie immer dabei haben. Solche Ersatzseilzüge sind billig, leicht und gut zu verstauen.

Reißt Ihnen dennoch einmal ein Seilzug, ohne daß Sie Ersatz dabei haben, hier einige wertvolle Tips: Ist der Brems- oder Schaltzug direkt am Nippel (oben am Schalt- oder Bremshebel) gerissen, hilft nur ein neuer Seilzug weiter. Ist der Seilzug dagegen entlang des Rahmens gerissen, was sehr selten vorkommt, können Sie ihn proviso-

Reißt Ihnen ein Brems- oder Schaltzug zwischen zwei Kabelstoppern, können Sie ihn mit Kabelbindern, Draht oder einem Schnürsenkel flicken. Warnung: Die Flickstelle ist Vollbremsungen nicht gewachsen!

risch flicken. Beim Schaltzug lohnt sich der Reparaturaufwand kaum, da Sie die Schaltung nach dem Seilflicken komplett neu einstellen müssen.

Anders sieht der Fall bei einem gerissenen Bremszug aus. Es ist besser, eine notdürftig instandgesetzte Bremsanlage zu haben als gar keine. Aber Vorsicht bei geflickten Bremszügen: Fahren Sie langsam und vorausschauend weiter; die Flickstelle ist Vollbremsungen nicht gewachsen. Um einen gerissenen Bremszug notdürftig zu flicken, verknoten Sie beide Enden zu einer Schleife und verbinden diese anschließend mit einem Schnürsenkel, einem Stück Draht oder einem Kabelbinder.

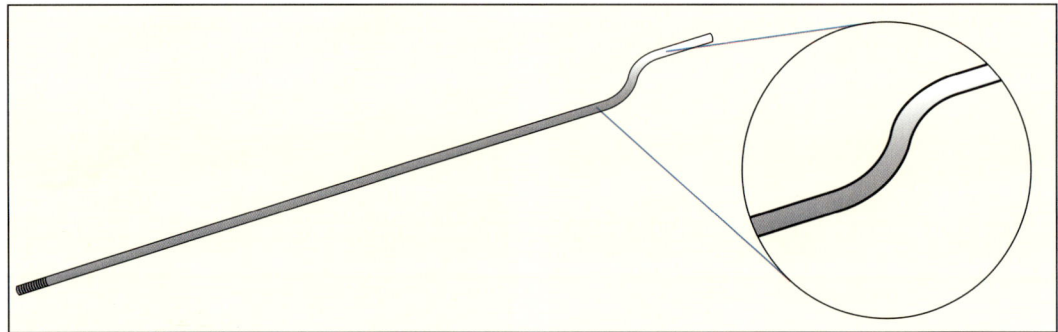

Eine Notspeiche können Sie sich leicht selbst aus einer überlangen Speiche biegen. Solch eine Notspeiche läßt sich bei einem Speichenbruch am Hinterrad auch ohne Demontage des Ritzelpakets problemlos einhängen

Pannenhilfe bei Speichenriß

Eine gerissene Speiche sollte sofort gewechselt werden, da die Felge sonst unnötig verformt und dann nur noch schwer oder gar nicht mehr zu zentrieren ist. Auf Ihre Touren können Sie entweder passende Ersatzspeichen, selbst zurechtgebogene Notspeichen oder spezielle Reparaturspeichen mitnehmen. Notspeichen lassen sich leicht aus einer extralangen Speiche biegen. Reparaturspeichen gibt es im Fachhandel. Sie bestehen aus einem Drahtseil und sind an einem Ende mit einem Haken ausgestattet (er wird in das Speichenloch in der Nabe eingehängt) und am anderen Ende mit einem Gewinde (das in den Speichennippel an der Felge paßt).

Um eine Speiche auszutauschen, lösen Sie den Nippel der defekten Speiche mit dem Nippelspanner und entfernen diese. Anschließend ziehen Sie·die Ersatz- oder Reparaturspeiche ein und verschrauben sie mit dem Nippel. Die Speiche muß zum Einfädeln meist ziemlich verbogen werden. Das braucht Sie aber nicht zu irritieren. Beim Auszentrieren des Seitenschlags wird die Speiche automatisch wieder gerade.

Da Speichen fast immer am Hinterrad an der Zahnkranzseite reißen – hier werden die Speichen am stärksten beansprucht –, wird die Reparatur meist etwas schwieriger. Hier können defekte Speichen ohne Demontage des Zahnkranzes durch die beengten Platzverhältnisse meist nicht ausgetauscht werden. Selbst mit

dem mitgeführten Zahnkranzabzieher ist es sehr schwer, unterwegs einen festsitzenden Zahnkranz zu demontieren. Deshalb müssen Sie hier etwas improvisieren.

Entfernen Sie zuerst die gebrochene Speiche. Geht das nicht, wickeln Sie sie um eine andere Speiche, und versuchen Sie, den Seitenschlag über die benachbarten Speichen auszuzentrieren (siehe S. 98). Sie können auch der Bremse entsprechend Spiel geben, damit die Bremsgummis nicht ständig an der »eiernden« Felge streifen.

Läßt sich die gebrochene Speiche entfernen, wird sie durch eine Reparatur- oder Notspeiche ersetzt. Reparatur- oder Notspeichen lassen sich ohne Demontage des Zahnkranzes in das Speichenloch einhängen. Wechseln Sie zu Hause die provisorisch ersetzte Speiche zusammen mit den beiden benachbarten Speichen (sie wurden durch den Bruch stark belastet) so schnell wie möglich gegen neue aus.

Was tun bei Materialbrüchen?

Rohrbrüche

Materialbrüche erfordern zugegebenermaßen etwas abenteuerlich anmutende Notreparaturen. Wenn ein Rohr bricht – sei das nun ein Rahmen-

Eine gebrochene Sattelstütze können Sie mit einem zurechtgeschnitzten Holzstück notdürftig reparieren

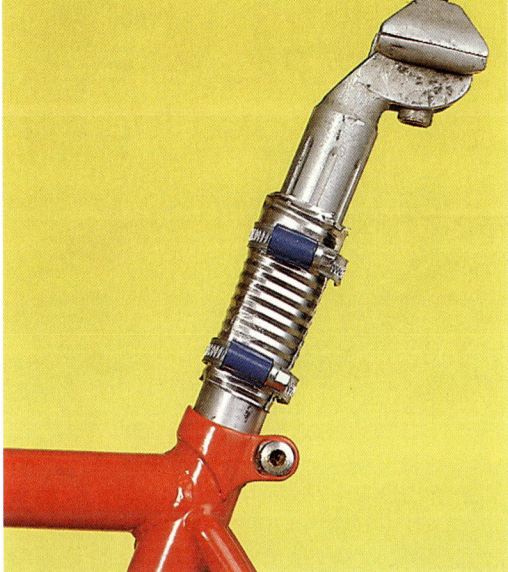

Die Bruchstelle schienen Sie mit einem Blechstreifen und sichern dann das Ganze mit zwei Schlauchschellen

rohr, der Lenker oder die Sattelstütze – ist guter Rat teuer. Bei einem Rahmen- oder Lenkerbruch sollten Sie zu Ihrer eigenen Sicherheit die Tour zu Fuß fortsetzen. Die Gefahr, mit einem notdürftig Rahmenrohr zu stürzen, ist einfach zu groß.

Eine gebrochene Sattelstütze aber können Sie ohne allzu großes Sicherheitsrisiko »schienen«. Suchen Sie sich für diese Notreparatur einen passenden Ast oder ein anderes geeignetes Stück Holz und schnitzen Sie es mit einem Messer so zurecht, daß es sich mit einem Stein in das im Rahmen verbliebene Ende der Sattelstütze treiben läßt. Danach wird die aus der Sattelstütze herausragende Seite des Holzstücks ebenfalls zurechtgeschnitzt. Jetzt können Sie das abgebrochene Teil der Sattelstütze samt dem Sattel draufstecken.

Das Holz muß möglichst stramm in der Sattelstütze sitzen. Danach wird ein Blechstreifen um die Bruchstelle gewickelt. Bei all dem Müll, der heutzutage in den Straßengräben liegt, dürften Sie schnell eine alte Büchse finden. Abschließend fixieren Sie das Blech mit den Schlauchschellen aus dem Werkzeugtäschchen.

Gebrochene Kurbeln und Pedalachsen

Sollte Ihnen einmal eine Kurbel brechen, dann lassen Sie Ihr Rad bitte stehen. Den Kräften, denen eine Kurbel während des Pedalierens ausgesetzt ist, hält keine Notreparatur stand.

Etwas besser sieht es im Falle einer gebrochenen Pedalachse aus. Entfernen Sie das defekte Pedal, und ersetzen Sie es einfach durch eine Gewindestange. Wenn Sie keine Gewindestange mit dem passenden Gewinde auftreiben können, wählen Sie eine, die sich durch das Pedalgewinde stecken läßt, und fixieren Sie sie mit je einer Mutter vorn und hinten.

Aber Vorsicht: auf diese Art und Weise können Sie sich leicht das Pedalgewinde in der Kurbel verderben. Außerdem paßt eine dicke Mutter nicht immer zwischen Kurbel und Kettenstrebe durch; der Rahmen wird zerbeult oder zumindest verkratzt. Fazit: Diese Notreparatur sollten Sie nur durchführen, wenn Sie sich fernab jeder Fahrradwerkstatt befinden. Andernfalls besteht die Gefahr, den Schaden noch zu vergrößern.

So halten Sie Ihr Rad fit: Pflege, Einstellungsarbeiten und kleinere Reparaturen

Um eine reibungslose Funktion und eine lange Lebensdauer Ihres Fahrrades zu garantieren, müssen Sie es regelmäßig reinigen und schmieren sowie Einstellungsarbeiten an Sitz, Steuersatz, Schaltung, Bremsen und Lagern durchführen.

Auch kleinere Reparaturen, wie etwa das Austauschen einer verschlissenen Kette oder abge-

nutzter Bremsgummis, fallen immer wieder an. Es lohnt sich, wenn Sie kleinere Schäden und notwendige Einstellarbeiten sofort erledigen. Denn dann ist die Wahrscheinlichkeit, unterwegs einmal unverhofft liegen zu bleiben, gleich Null. Ein gut gewartetes und gepflegtes Fahrrad glänzt also nicht nur mit seinen zahlreichen Lack- und Chromteilen, sondern auch mit einer sehr hohen Zuverlässigkeit.

Wie Sie Ihr Rad am besten reinigen

Natürlich muß Ihr Drahtesel nicht nach jeder Ausfahrt in stundenlanger Feinarbeit auf Hochglanz poliert werden. Aber eine regelmäßige Radwäsche hat doch Vorteile: Sie verhindert eine übermäßige Verschmutzung der bewegten Teile, und bei einer Handwäsche aus dem Eimer bemerken Sie ganz nebenbei lockere Schrauben, Risse in der Bereifung, geknickte Bowdenzüge oder auch Bremsen, die eingestellt werden müssen.

Je schneller Sie Ihr Bike von seiner Schlammpackung befreien, desto leichter geht es vonstatten. Unmittelbar nach der Tour reicht es meist, das Rad mit einem Schlauch abzuspritzen oder es mit einem Eimer Wasser und dem Schwamm zu reinigen. Ist der Schmutz dagegen erst einmal festgetrocknet, wird die Reinigung um einiges mühsamer.

Reinigungsmittel sollten Sie gar nicht oder nur sehr sparsam verwenden. Normales Geschirrspülmittel leistet hervorragende Dienste. Meist reicht aber ein Eimer mit warmem Wasser in Verbindung mit Schwamm und Bürste völlig aus. Hartnäckiger Schmutz sowie Öl- oder Fettflecken werden mit einem Tuch abgewischt. Die Umwelt wird sich über die Minderbelastung freuen. Weiterer Vorteil: Es gelangen keine fettlösende Reinigungsmittel in die Lager, wo sie die Schmierung beeinträchtigen könnten. Sehr hilfreich bei der Handreinigung Ihres Fahrrades ist ein Sortiment an verschieden großen Bürsten. Damit gelangen Sie auch in unzugängliche Winkel und Ecken.

»Wer gut schmiert, der gut fährt!«

Sämtliche Lager und auch die Kette sind auf Schmiermittel angewiesen, damit alles möglichst reibungslos läuft. Ebenso wichtig wie die Qualität des verwendeten Schmiermittels ist dessen Quantität. Ein bis an den Rand mit Fett gefülltes Lager läuft keinesfalls leichter als ein sparsam und mit Bedacht mit der reibungsmindernden Masse versorgtes Lager. Praxistip: Im Zweifelsfall lieber etwas sparsamer schmieren.

Kette reinigen und schmieren

Eine vor Öl strotzende Kette zieht Sand und Dreck magisch an. Die dadurch entstehende »Schleifpaste« steigert den Verschleiß unnötig. Die Kette sollte so trocken wie möglich laufen, ohne zu quietschen. Gibt sie Geräusche von sich, schmieren Sie mit einem Kettenschmiermittel sparsam nach. Hatte dieses genügend Zeit, in alle Zwischenräume einzudringen, wischen Sie die Kette mit einem weichen Tuch trocken.

Eine stark verschmutzte oder allzu großzügig geschmierte Kette muß erst einmal gereinigt werden. Dazu nehmen Sie die Kette entweder ab und reinigen sie mit einem Pinsel im Petroleumbad, oder Sie verwenden ein spezielles Ket-

Ein Kettenreinigungsgerät erlaubt es Ihnen, eine stark verschmutzte Kette zu reinigen, ohne diese demontieren zu müssen

Für die Pflege und Schmierung Ihres Fahrrades steht Ihnen eine riesige Auswahl der verschiedensten Produkte zur Verfügung

tenreinigungsgerät. Dabei muß die Kette nicht abgenommen werden. Sie läuft in einem Reinigungsgerät in einem mit Reinigungsmittel gefüllten Behälter zwischen kleinen Bürsten hindurch.

Lager mit Fett versorgen

Mit Rillenkugellagern versehene Lager können und müssen nicht geschmiert werden. Sie werden bereits im Werk mit einer Dauerschmierung versehen und sind gut abgedichtet. Konuslager (ganz gleich ob Steuersatz, Rad-, Pedal- oder Innenlager) aber müssen in regelmäßigen Abständen zerlegt werden, um sie neu zu schmieren (siehe S. 82).

Haben Sie Lager mit einem Schmiernippel am Rad, so spart das viel Arbeit. Mit einer Fettpresse drücken Sie frisches Fett ins Lager, bis das alte, verschmutzte Schmiermittel vollständig herausgequollen ist. Meist wird es an den Dichtungen oder an einer speziellen Bohrung herausgedrückt und kann bequem abgewischt werden.

Je schlechter das Lager abgedichtet ist, umso zäher (und wasserbeständiger!) sollte das verwendete Fett sein. Zähes Fett läßt die Lager zwar etwas schwerer laufen, gelangt aber nicht so leicht an den Dichtlippen vorbei nach draußen. Gut abgedichtete Lager dagegen können mit dünnerem, leichter laufendem Fett abgeschmiert werden.

Schaltung und Bowdenzüge ölen

Für die Gelenke von Schaltwerk und Umwerfer wird dünnflüssiges Öl (Nähmaschinenöl oder spezielles Schaltungsöl) verwendet. Bowdenzüge, die mit reibungsmindernden Zuginnenhüllen versehen sind, brauchen nicht geschmiert zu werden. Diese Innenhüllen aus Kunststoff könnten – je nach verwendetem Öl – quellen, wodurch Sie schwergängig werden.

Bowdenzüge ohne Zuginnenhüllen müssen regelmäßig geölt werden, da die Seilzüge direkt in den Metallspiralen der Außenhülle laufen. Hän-

Erste Wahl ist dabei wasserfestes Fett. Es verhindert zuverlässig Schwergängigkeit oder das Festrosten der betroffenen Teile.

Ledersattel pflegen

Nur Sättel aus Kernleder bedürfen der regelmäßigen Pflege. Bei diesen besteht die Sitzfläche aus etwa fünf Millimeter dickem Leder, das auf dem Sattelgestell verspannt ist und ohne einen stützenden Unterbau aus Kunststoff auskommt. Kernledersättel passen sich der Sitz-Anatomie ihres Benutzers hervorragend an. Dies erfordert allerdings eine mehrere hundert Kilometer lange Einfahrzeit.

Ledersättel dürfen nicht naß werden und sollten deshalb, wird das Rad im Freien geparkt, mit einer Plastiktüte oder einem speziellen Überzug geschützt werden. Während der Fahrt kann der Regenschutz einfach unter den Sattel gesteckt werden.

Ist das Leder einmal naß geworden, lassen Sie den Sattel unbedingt völlig trocknen, bevor Sie ihn neu einfetten. Wenn Sie sich vorher auf das nasse Leder setzen, verformt es sich unter Ihrem Gewicht, und dann ist Ihr paßgenauer Ledersattel dahin.

Regelmäßig gefettet und vor Regen geschützt, hält ein echter Ledersattel lange. Es gibt spezielle Fette für Ledersättel. Sie können aber auch jedes gute Lederfett verwenden. Gefettet wird damit nicht die Sitzfläche, sondern die Sattelunterseite. So holt sich das Leder genau soviel Fett, wie es braucht, und die Sitzfläche wird nicht zur Rutschbahn.

Die Gelenke von Schaltwerk und Umwerfer sollten Sie regelmäßig mit dünnflüssigem Öl versorgen

gen Sie dazu die Bowdenzüge am Schalt- bzw. Bremshebel aus, und träufeln Sie dünnflüssiges Öl in die Hüllen. Durch die Bewegung des Seilzuges verteilt sich das Öl. Bei stark verschmutzten Bowdenzügen lohnt es sich, die Klemmung der Seilzüge an Bremse oder Schaltung zu lösen und diese vollständig aus der Hülle zu ziehen. Mit einem ölgetränkten Lappen werden sie abgewischt und dadurch gleichzeitig gereinigt und geschmiert. Überall dort, wo die Seilzüge über Umlenkungen am Rahmen laufen, hat ein Tropfen Öl ebenfalls noch nicht geschadet.

Sattelstütze und Vorbau fetten

Um zu verhindern, daß sich Sattelstütze oder Vorbau im Sitzrohr bzw. Gabelschaftrohr festfressen, sollten sie in regelmäßigen Abständen demontiert (siehe S. 79) und eingefettet werden.

Lackschäden beheben

Lackschäden sollten schnellstmöglich ausgebessert werden, bevor sich Rost festsetzt und die angrenzenden Lackschichten unterwandert.

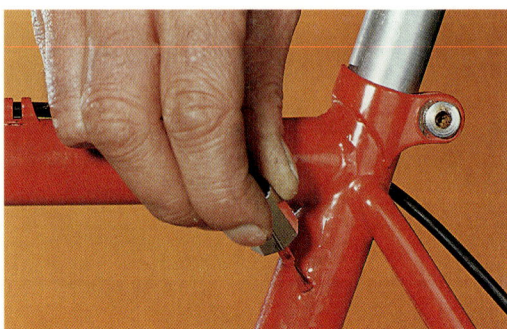

Lackschäden sollten Sie schnellstmöglich beseitigen. Entfernen Sie zuerst Rost und lose Farbteile mit Schleifpapier

Nagellack ist hervorragend geeignet, um kleinere Lackschäden auszubessern. Machen Sie die zu lackierende Stelle vorher mit Verdünner fettfrei

Befindet sich der Lackschaden bei oder gar unter Verschraubungen, müssen Sie die betroffenen Schrauben lösen und entfernen. Die schadhafte Stelle wird mit einem Tuch gereinigt und entstandener Rost mit Schleifpapier (Korn 80) entfernt. Dadurch wird das Metall gleichzeitig aufgerauht.

Machen Sie die zu lackierende Stelle mit Verdünner fettfrei, bevor Sie mit einem feinen Pinsel die Grundierung auftragen. Nach 24 Stunden können Sie die grundierte Stelle mit Schleifpapier (Korn 120 oder noch feiner) glattschleifen und die abschließende Lackschicht dünn und gleichmäßig auftragen.

Manche Fahrradhersteller liefern mit ihrem Rad ein Fläschchen Originalfarbe mit.

Einstellungsarbeiten

Zu den immer wieder durchzuführenden Wartungsarbeiten am Fahrrad gehören die Einstellungsarbeiten an Schaltung, Bremsen und Lagern. Zusätzlich zu dem auf Seite 32 aufgelisteten Werkzeug benötigen Sie für Einstell- und kleinere Wartungsarbeiten zusätzliche Geräte.

Einstellen der richtigen Sitzposition

Die richtige Sitzposition ist die wichtigste Voraussetzung, um effektiv in die Pedale treten zu können. Aus diesem Grund sollten Sie diesem, ebenfalls zu den Einstellarbeiten zu rechnenden Punkt besondere Aufmerksamkeit schenken.

PRAXIS TIPS

Sollten Sie keine Originalfarbe zur Verfügung haben, ist Nagellack eine praktische Alternative. Sie werden staunen, welche Farbenvielfalt der Frau von Heute – und damit auch dem modernen Radler – zur Verfügung stehen.
Auch in Bastlerläden für den Modellbaubedarf erhalten Sie zahlreiche Farben in kleinen Döschen, die genau die richtige Menge für Ausbesserungsarbeiten am Fahrrad enthalten.

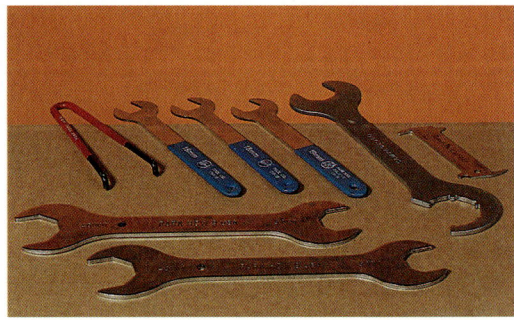

Spezialwerkzeug für Einstell- und Wartungsarbeiten. Obere Reihe (v. l. n. r.): Stirnlochschlüssel, 3 verschiedene Konusschlüssel, Hakenschlüssel, Kettenlehre. Unten: 2 Steuersatzschlüssel

Checkliste: Werkzeug für Einstell- und kleinere Wartungsarbeiten

Verfügen Sie über dieses Werkzeug?	JA	NEIN
▶ Dritte Hand für Bremse: dient zur Bremseneinstellung (arbeitserleichternd, aber nicht unbedingt notwendig)	⊕	⊕
▶ extra flache Gabelschlüssel, auch Konusschlüssel genannt, für die Radlager	⊕	⊕
▶ Steuersatzschlüssel zur Einstellung des Steuersatzes (nicht notwendig bei Ahead-Set-Steuersätzen)	⊕	⊕
▶ Stirnlochschlüssel zur Einstellung von Konus-Innenlagern	⊕	⊕
▶ Hakenschlüssel zur Konterung von Konus-Innenlagern	⊕	⊕
▶ Dritte Hand für Kette: dient zum Vernieten der Kette (arbeitserleichternd, aber nicht unbedingt notwendig)	⊕	⊕
▶ Kettenlehre zur Messung des Kettenverschleißes (bequem, aber nicht unbedingt notwendig)	⊕	⊕

Sitzhöhe festlegen

Während die Wahl der Rahmenhöhe eine grobe Annäherung an Ihre Körpergröße darstellt, wird die Feineinstellung durch eine entsprechende Ausrichtung von Lenker/Vorbau und Sattel erreicht. Das wichtigste Maß in bezug auf effektives Pedalieren ist die Sitzhöhe. Diese stimmt immer dann, wenn Ihr Kniegelenk einen Winkel von etwa 175° bildet, während Ihr Fuß mit dem Ballen auf dem im unteren Totpunkt stehenden Pedal ruht. Zur Gegenkontrolle setzen Sie Ihren Fuß bei gleicher Pedalstellung mit der Ferse aufs Pedal: Das Kniegelenk muß jetzt durchgedrückt sein.

Die optimale Sitzhöhe kann auch rechnerisch ermittelt werden: Multiplizieren Sie Ihre Innenbeinlänge mit dem Faktor 0,885, und Sie erhalten exakt den Abstand von der Innenlagerachsenmitte bis zur Satteloberkante. Gemessen wird dabei immer parallel zum Sitzrohr des Rahmens.

Sitzhöhe einstellen

Auf diese Höhe wird der Sattel nun eingestellt. Öffnen Sie dazu den Schnellspanner (bzw. die

Die optimale Sitzhöhe errechnet sich aus Ihrer Innenbeinlänge. Multipliziert mit dem Faktor 0,885 erhalten Sie den richtigen Abstand von der Mitte der Innenlagerachse bis zur Satteloberkante

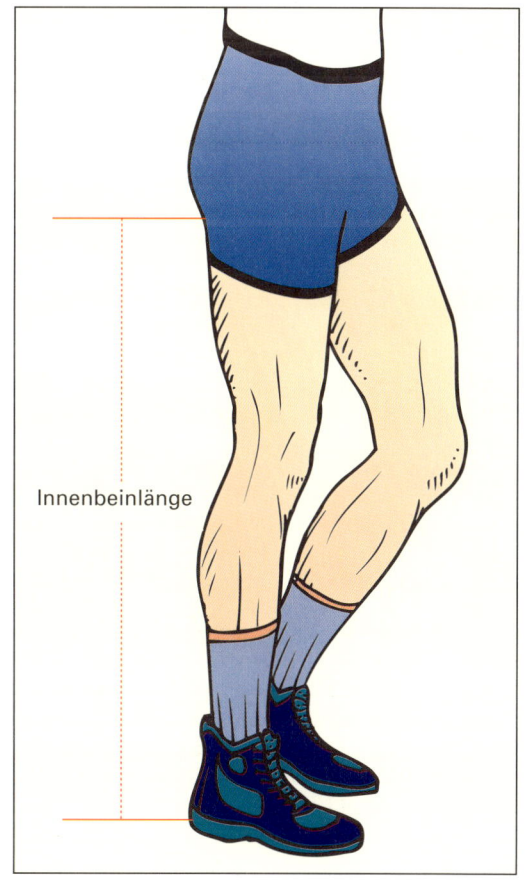

Innenbeinlänge

Einen auf einer klassischen Sattelkerze montierten Sattel können Sie verstellen, nachdem Sie die beiden seitlichen Muttern am Sattelkloben gelöst haben

Bei einer Patentsattelstütze muß nur eine Schraube gelöst werden, um den Sattel verstellen zu können

Klemmschraube) oben am Sitzrohr, und bringen Sie den Sattel auf die gewünschte Sitzhöhe. Anschließend fixieren Sie ihn in dieser Stellung, indem Sie den Schnellspanner (bzw. die Klemmschraube) wieder anziehen. Die Sattelstütze muß aus Sicherheitsgründen mindestens 65 Millimeter tief im Sitzrohr stecken.

Satteleinstellung festlegen

Die Sitzfläche des Sattels wird grundsätzlich waagerecht ausgerichtet. Sie können die Sattelneigung leicht mit einer Wasserwaage prüfen. Achten Sie aber darauf, daß das Rad dabei genau waagerecht steht.

Die richtige Position des Sattels in Längsrichtung haben Sie dann gefunden, wenn die Mitte Ihres Kniegelenks bei waagerecht nach vorn stehender Kurbel genau senkrecht über der Pedalachse steht. Dies ist die beste Position für den Normalradler. Bei einem sportlichen Rennradfahrer darf die Kniegelenkmitte ganz leicht vor der Pedalachse liegen, während sie beim Mountainbiker bis zu zwei Zentimeter dahinter liegen kann. Kontrollieren läßt sich das am besten zusammen mit einem Helfer sowie einem Senkblei.

Sattel einstellen

Die Vorgehensweise zur Einstellung von Sattelneigung und dessen Längsposition hängt von der Sattelstütze ab. Bei klassischen Sattelkerzen müssen Sie beide Muttern links und rechts am Sattelkloben – er verbindet die Sattelstütze mit dem Sattel – mit einem Gabelschlüssel lösen.

Bei den sogenannten Patentsattelstützen ist die Verbindung zum Sattel in die Stütze integriert und wird durch eine von unten zugängliche Innensechskantschraube fixiert. Öffnen Sie die Muttern (bzw. die Innensechskantschraube) so weit, daß sich der Sattel gerade eben bewegen läßt. Danach bringen Sie den Sattel sowohl in seiner Neigung als auch in seiner Längsrichtung in die richtige Position. Haben Sie diese gefunden, fixieren Sie den Sattel wieder, indem Sie die beide Muttern (bzw. die Innensechskantschraube) wieder anziehen.

An den Vorteilen einer sportlichen Sitzposition mit um 45° nach vorn geneigtem Oberkörper kommt auch der Normalradler nicht vorbei: Der Luftwiderstand verringert sich, die Wirbelsäule wird entlastet, und das Körpergewicht verteilt sich gleichmäßig auf Sattel und Lenker

Position von Lenker und Vorbau einstellen

Die richtige Einstellung von Lenker und Vorbau (Höhe als auch Entfernung zum Sattel) läßt sich nicht so genau definieren wie die Sitzhöhe. Diese Einstellung bestimmt, zusammen mit der Oberrohrlänge, die Neigung Ihres Oberkörpers. Die Entscheidung aber, ob Sie aufrecht und entspannt oder sportlich und mit geneigtem Oberkörper in die Pedale treten möchten, liegt bei Ihnen. Wissen sollten Sie aber, daß auch der

Normalradler an den Vorteilen der 45°-Haltung kaum vorbeikommt.

Beim aufrechten Sitzen bietet der Oberkörper dem Wind eine große Angriffsfläche und bremst die Fahrt dementsprechend. Außerdem wirken die Fahrbahnstöße direkt auf die Wirbelsäule, und fast Ihr gesamtes Körpergewicht lastet auf dem Sattel. Sitzbeschwerden sind die Folge. Mit um etwa 45° nach vorn geneigtem Oberkörper dagegen wird dem Fahrtwind deutlich weniger Angriffsfläche geboten, und ein nicht unerhebli-

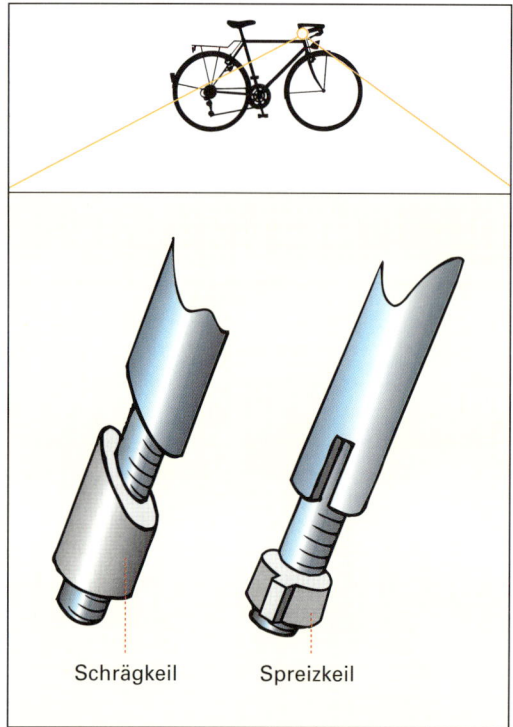

Ein klassischer Vorbau wird entweder mit einem Spreizkeil oder einem Schrägkeil im Innern des Gabelschaftrohrs festgeklemmt. Durch eine lange Schraube wird der Keil nach oben gezogen

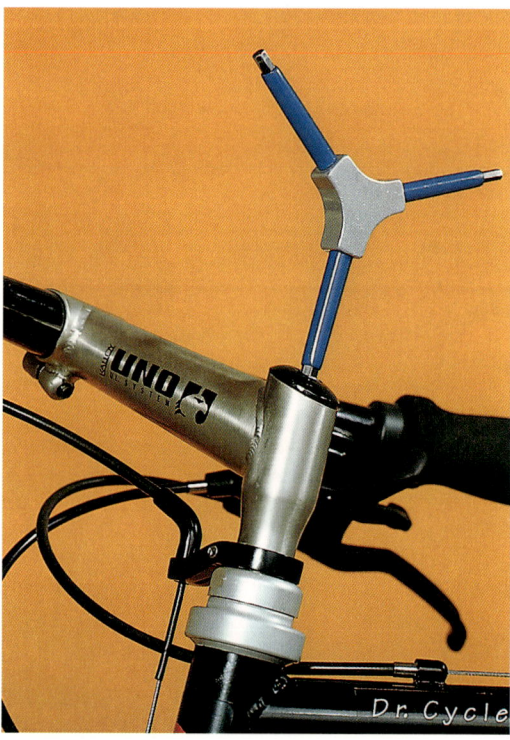

Mit einem Innensechskantschlüssel wird die Befestigungsschraube des Vorbaus gelöst. Anschließend lösen Sie den Klemmkeil mit einem leichten Hammerschlag auf den Schraubenkopf

cher Teil Ihres Körpergewichts wird jetzt von den Armen getragen. Die Wirbelsäule wird entlastet und Sitzbeschwerden verringert. Für eine sportliche, nicht allzu extreme Sitzposition sollten Sie den Vorbau so einstellen, daß der Lenker etwa drei bis vier Zentimeter tiefer als der Sattel liegt. Sportliche Fahrer legen den Lenker gegenüber dem Sattel sogar bis zu zehn Zentimeter tiefer.

Vorbau bei klassischem Steuersatz einstellen

Die klassische Bauart des Vorbaus wird mit einem Keil im Gabelschaftrohr verklemmt. Dabei zieht eine lange Innensechskantschraube (bei älteren Modellen eine Sechskantschraube), die von oben in den Vorbau führt, den Klemmkeil nach oben und klemmt damit den Vorbau im Gabelschaftrohr fest. Dabei kann es sich um

einen Spreizkeil handeln, der mittig in den geschlitzten Vorbau gezogen wird, oder um einen Schrägkeil, der auf einer Gegenschräge am unteren Vorbauende verkeilt wird. Um den Vorbau zu lösen, reicht es aber nicht aus, nur die Befestigungsschraube zu lösen. Der Klemmkeil bleibt weiterhin an seinem Platz verkeilt. Drehen Sie die Befestigungsschraube einige Umdrehungen

PRAXIS ⚲ TIP

Wenn Sie die Vorbauschraube zu weit herausgedreht haben, kann es passieren, daß der Klemmkeil ins Gabelschaftrohr fällt. Ziehen Sie in diesem Fall den Vorbau einfach komplett heraus und stellen Sie Ihr Rad auf den Kopf. Der gelöste Keil fällt dann heraus.

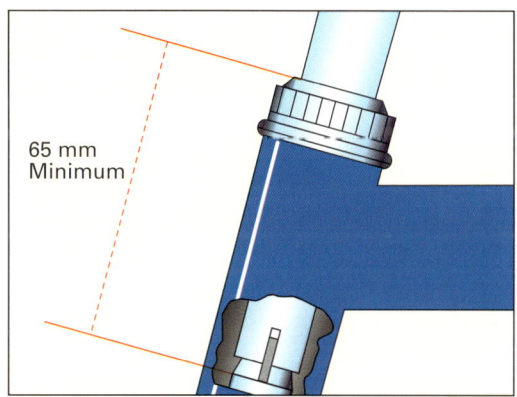

Damit ein sicherer Sitz des Vorbaus gewährleistet ist, muß dieser mindestens 65 Millimeter tief im Gabelschaftrohr stecken. Zur Kontrolle befindet sich am Vorbau eine Markierung

Ein Ahead-Set-Vorbau wird mittels zweier Schrauben, die an der Seite sitzen, auf dem Gabelschaftrohr festgeklemmt. Die obere Schraube dient der Einstellung des Steuersatzes

heraus, und lösen Sie den Klemmkeil, indem Sie mit einem Hammer vorsichtig, aber nicht zu zaghaft auf den Schraubenkopf schlagen. Dadurch wird der Klemmkeil frei, und der Vorbau kann in der Höhe verstellt werden.

Bei Rennradvorbauten sitzt die Vorbauschraube teilweise zu tief, um mit dem Hammer erreicht zu werden. Behelfen Sie sich hier mit einem abgesägten Innensechskantschlüssel, den Sie in die Vorbauschraube stecken und der als Verlängerung über den Vorbau hinausragt.

Wie die Sattelstütze im Rahmen, muß auch der Vorbau aus Sicherheitsgründen mindestens 65 Millimeter tief im Gabelschaftrohr, stecken.

Ziehen Sie die Klemmung des Vorbaus gerade so stark an, daß er zwar festsitzt, bei Gewalteinwirkung aber noch verdreht werden kann. Dadurch verringert sich die Gefahr eines Rahmenschadens bei einem Sturz, und der Lenker wird nicht so schnell verbogen, sollte das Rad einmal umfallen.

Vorbau bei Ahead-Set-Steuersatz einstellen

In Verbindung mit einem Ahead-Set-Steuersatz wird der Vorbau nicht mittels eines Klemmkeils im Inneren des Gabelschaftrohrs fixiert, sondern

außen auf dem Gabelschaftrohr festgeklemmt. Die oben in den Vorbau führende Schraube führt hier nicht zu einem Klemmkeil, sondern dient zur Einstellung des Lagerspiels. Die Klemmung des Vorbaus auf dem Gabelschaftrohr geschieht mit Hilfe einer oder zweier Schrauben seitlich am Vorbau.

Die genial einfache Wartung und Einstellung eines Ahead-Set-Steuersatzes wird durch die Tatsache erkauft, daß der Vorbau nicht mehr in der Höhe verstellt werden kann. Er kann allenfalls umgekehrt montiert werden. Dies erfordert aber eine komplette Demontage des Lenkers und läßt auch keine feinfühlige Veränderung zu.

Vorbau austauschen

Läßt sich die gewünschte Sitzposition mit dem serienmäßigen Vorbau nicht realisieren, muß er gegen ein passendes Modell ausgetauscht werden. Bei Ihrem Radhändler finden Sie Vorbauten in verschiedenen Längen und mit unterschiedlicher Neigung. Achten Sie beim Kauf auf den richtigen Durchmesser.

Ausrichten der Bedienungselemente

Die Bremshebel werden so eingestellt, daß Ihre Finger – von der Seite betrachtet – eine Linie mit dem Unterarm bilden, bzw. bei Rennradbremsgriffen die Spitze des Bremshebels auf Höhe des

Bei Mountainbikes, Trekking- und Normalrädern werden die Bremshebel so ausgerichtet, daß die ausgestreckten Finger eine Linie mit dem Unterarm bilden

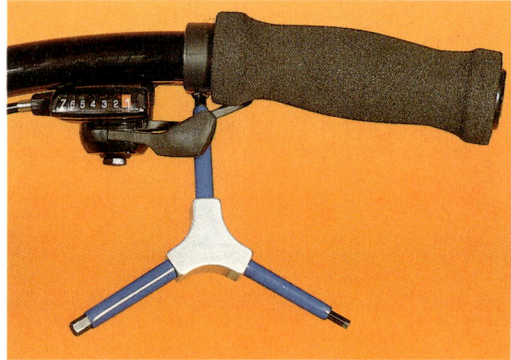

Bei Mountainbikes, Trekking- und Normalrädern finden Sie die von unten zugänglichen Befestigungsschrauben der Bremsgriffe direkt neben den Griffgummis

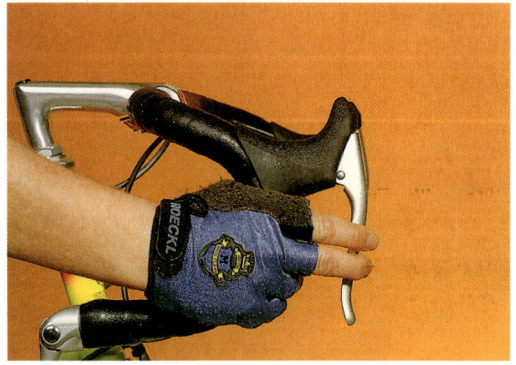

Rennradbremsgriffe werden so montiert, daß das Ende des Hebels auf Höhe des Unterlenkers liegt

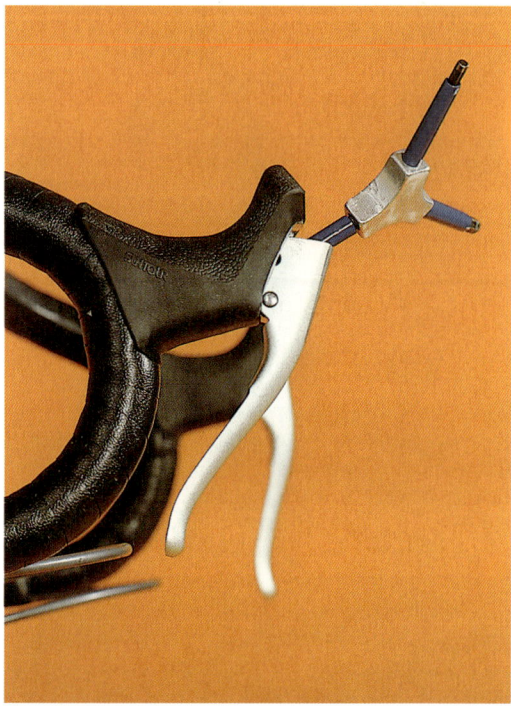

Die Befestigungsschraube von Rennradbremsgriffen finden Sie im Inneren des Griffes verborgen. Teilweise liegen diese auch seitlich unter den Griffgummis

Unterlenkers liegt. Bei Bremsgriffen und bei Schalthebeln, die am Lenker montiert sind, ist es – wie beim Vorbau – ebenfalls sinnvoll, diese so anzuziehen, daß sie zwar festsitzen, sich bei einem Sturz aber verdrehen können, bevor sie brechen.

Brems- und Schalthebel, wie sie an Mountainbikes und Trekkingrädern montiert sind, lassen sich über eine gut zugängliche Innensechskantschraube lösen bzw. fixieren. Bei Rennradbremsgriffen ist die Schraube meist etwas versteckt. Hier müssen Sie zuerst mit einer Hand am Bremshebel ziehen und können dann durch den oben freigewordenen Spalt mit einem Schraubendreher die im Inneren des Bremsgriffes liegende Schraube erreichen. Bei manchen Rennbremsgriffen verbirgt sich die Klemmschraube auch seitlich unter dem Griffgummi.

Checkliste: Schaltwerk einstellen		
	JA	**NEIN**
1. Ist der Bowdenzug abgeknickt und/oder beschädigt?	●	○
2. Ist der Bowdenzug schwergängig?	●	○
3. Ist der Bowdenzug richtig gespannt?	○	●
4. Rasten die einzelnen Gänge sauber ein (nur bei positionierten Schaltungen)?	○	●
5. Rasselt die Kette auf dem kleinsten Ritzel?	●	○
6. Wird die Kette über das größte bzw. kleinste Ritzel hinausbefördert?	●	○
7. Weist die Lagerung der Schaltungsrädchen Spiel auf?	●	○
8. Ist das Ausfallende/Schaltungsauge verbogen?	●	○

Kettenschaltung einstellen

Moderne, präzise einrastende Kettenschaltungen bieten einen enormen Schaltkomfort. Dafür erfordern sie aber etwas mehr Aufmerksamkeit bezüglich der Einstellung als ältere Schaltungen. Die Einstellung ist aber kein Hexenwerk und meist schnell erledigt.

Am besten läßt sich die Schaltung einstellen, wenn das Rad an einem Montageständer aufgehängt wird oder es auf einem kleinen Ständer steht, der es erlaubt, das Hinterrad frei zu drehen. Das hintere Schaltwerk ist in bezug auf die Einstellung viel anspruchsvoller als der vordere Umwerfer. Neben der Schaltzugspannung und der Bregrenzung des Schwenkbereichs muß hier auch noch der Abstand des oberen Schaltungsrädchens zu den Ritzeln kontrolliert werden. Erfolgen die Gangwechsel hinten nicht mehr so präzise wie gewohnt, überprüfen Sie die Schaltwerkseinstellung anhand unserer Checkliste oben.

Schaltwerk einstellen

Bowdenzug des Schaltwerks überprüfen und spannen
Überprüfen Sie den Bowdenzug auf gedrückte oder abgeknickte Stellen, und beseitigen Sie Schäden, indem Sie die betroffenen Abschnitte austauschen. Ist der Bowdenzug durch einge-

Bevor Sie die Schaltung einstellen, prüfen Sie zuerst, ob der Schaltzug nicht zu locker ist. Liegt die Kette hinten auf dem kleinsten Ritzel, darf der Schaltzug nicht durchhängen

Ist der Schaltzug zu locker, können Sie ihn nachspannen, indem Sie die Klemmschraube unten am Schaltwerk lösen, den Schaltzug straffen und die Klemmschraube wieder fest anziehen

drungenen Schmutz und Feuchtigkeit schwergängig geworden, werden präzise Gangwechsel unmöglich. Tips zur Reinigung und Pflege von Bowdenzügen finden Sie auf Seite 44.

Läßt sich Ihre Kettenschaltung sauber hinaufschalten, aber nur schlecht herunterschalten, ist fast immer ein schwergängiger Schaltzug die Ursache. Bei Mountainbikes – in Verbindung mit Schmutz und feuchtem Wetter – können die Züge im Extremfall schon nach wenigen Wochen reif zum Wechseln sein.

Die Spannung des Schaltzuges überprüfen Sie, indem Sie die Kette hinten auf das kleinste Ritzel legen und checken, ob der Schaltzug jetzt ganz leicht unter Zug steht. Ist dies nicht der Fall, lösen Sie die Schaltzug-Klemmschraube am Schaltwerk, und straffen Sie den Zug. Anschließend müssen Sie die Klemmschraube wieder fest anziehen.

Die einzelnen Gänge einstellen
Die Einstellung der einzelnen Gänge ist nur bei modernen, positionierten Kettenschaltungen erforderlich. Bei älteren Ausführungen rasten die Gänge ja nicht präzise ein, sondern müssen mit viel Fingerspitzengefühl eingelegt werden. Manche positionierte Schalthebel sind mit einem kleinen Hebelchen versehen, durch das von »Index« auf »Friktion« (= Reibung) umgeschaltet werden kann. So können Sie unterwegs, sollte die Schaltung verstellt sein, auf Normalbetrieb (= Reibungsbetrieb) umschalten und ohne zeitraubende Einstellarbeiten, aber ohne Positionierung nach Hause fahren.

Wechselt die Kette bei einer positionierten Schaltung nach dem Betätigen des Schalthebels nur »unwillig« oder gar nicht auf das nächstgrößere Ritzel, ist die Spannung des Schaltzuges zu gering. Korrigieren Sie, indem Sie die Seilzugeinstellschraube am Schaltwerk bzw. am rechten Schalthebel (durch sie läuft der Schaltzug ins Schaltwerk bzw. in den Schalthebel) etwas herausdrehen. Nähern Sie sich der optimalen Einstellung mit jeweils nicht mehr als einer halben Umdrehung der Einstellschraube, und prüfen Sie vor einer erneuten Erhöhung der Schaltzugspannung die Auswirkung, indem Sie mit der rechten Hand die Gänge durchschalten, während Sie mit der linken die Kurbel drehen.

Ist die Spannung des Schaltzuges zu groß, wird die Kette zwar problemlos auf das nächstgrößere Ritzel wechseln, beim Herunterschalten aber gar nicht oder nur mit großer Verzögerung reagieren. Korrigieren Sie in diesem Fall, indem Sie die Einstellschraube etwas hineindrehen. Da sich neue Schaltzüge anfangs noch dehnen, ist in der Praxis der erste Fall der weitaus häufigere.

Abstand Ritzel – Schaltungsrädchen einstellen
Rasselt die Kette (meist auf dem kleinsten Ritzel = schnellster Gang) auch noch nach Einstellung der einzelnen Gänge, dann läuft meist das obere Schaltungsrädchen zu dicht am Ritzel und berührt dieses zeitweise. Um in diesem Fall für

Um ein exaktes Einrasten der Gänge einer positionierten Kettenschaltung zu erreichen, können Sie die Schaltzugspannung an der Seilzugeinstellschraube am Schaltwerk feinfühlig verändern

Mit der Anschlagschraube des Schaltwerks stellen Sie den Abstand zwischen den Ritzeln und dem oberen Schaltungsrädchen so ein, daß die Kette nicht rasselt

Abhilfe zu sorgen, drehen Sie die Anschlagschraube des Schaltwerks etwas hinein. Zur Kontrolle drehen Sie dabei die Kurbeln rückwärts. Sie können sehen, wie sich dabei das Schaltwerk und damit das obere Schaltungsrädchen nach hinten bewegen. Drehen Sie die Einstellschraube – sie drückt gegen das Schaltungsauge am Rahmen – so weit hinein, daß sich Schaltungsrädchen und Ritzel nicht mehr berühren. Lassen Sie den Abstand nicht größer werden, als es für eine geräuschlos laufende Kette notwendig ist.

Schwenkbereich des Schaltwerks einstellen
Die richtige Begrenzung des Schaltwerk-Schwenkbereichs ist bei positionierten wie auch bei normalen Kettenschaltungen gleich wichtig. Die Anschlagschrauben verhindern, daß die Kette über das größte Ritzel hinaus in die Speichen gelangt bzw. am anderen Ende des Schwenkbereichs über das kleinste Ritzel hinaus befördert wird. Natürlich kann es auch passieren, daß der Anschlag die Bewegungen des Schaltwerks zu sehr einschränkt und die Kette nicht mehr zuverlässig auf das größte bzw. kleinste Ritzel geschaltet wird.

An der Rückseite des Schaltwerks befinden sich für die Begrenzung des Schwenkbereichs zwei kleine, meist mit **L** (= Low für die Berggänge) und **H** (= High für die schnellen Gänge) gekennzeichnete Einstellschrauben. Legen Sie die Kette zuerst auf das kleinste Ritzel und setzen Sie das obere Schaltungsrädchen des Schaltwerks durch Hinein- bzw. Herausdrehen der mit **H** gekenn

zeichneten Schraube (meist ist es die obere) exakt senkrecht unter das Ritzel. Schalten Sie dann ein paar Mal herauf und herunter, um sicher zu gehen, daß der schnellste Gang auch sauber einzulegen ist. Verfahren Sie mit der Kette auf dem größten Ritzel und der mit **L** gekennzeichneten (meist untenliegenden) Schraube ebenso.

Schaltungsrädchen und Schaltauge überprüfen
Sollten alle bisherigen Einstellarbeiten nicht ans Ziel geführt haben, kann es noch sein, daß die Lagerung der Schaltungsrädchen (besonders die des oberen) verschlissen ist. Das Schaltungsrädchen hat dann seitlich Spiel und kann die Kette nicht mehr exakt unter das gewünschte Ritzel führen. Ein Austausch der Schaltungsrädchen bringt hier Abhilfe.

Sie können sie demontieren, indem Sie die beiden Schrauben im Zentrum der Schaltungsrädchen herausdrehen. Danach läßt sich der hintere Teil des Schaltarms abnehmen und mit ihm auch die beiden Schaltungsrädchen. Auch ein (beispielsweise durch einen Sturz) verbogenes Schaltungsauge am Ausfallende kann dazu

Mit den beiden Schrauben am Schaltwerk stellen Sie dessen Schwenkbereich ein. So können Sie zuverlässig verhindern, daß die Kette oben oder unten über die Ritzel hinaus befördert wird

Die verschlissenen Schaltungsrädchen können Sie austauschen, indem Sie deren Befestigungsschrauben entfernen und den hinteren Teil des Schaltkäfigs abnehmen

führen, daß sich die Schaltung nicht mehr einstellen läßt. Wenn das Schaltungsauge nicht mehr genau parallel zum Laufrad steht, muß es gerichtet werden. Dies ist eine Sache für den Profi, der auch über entsprechende Meßlehren verfügt.

Umwerfer einstellen

Bowdenzug des Umwerfers überprüfen und spannen
Überprüfen Sie den Bowdenzug auf gedrückte oder abgeknickte Stellen, und beseitigen Sie Schäden, indem Sie die betroffenen Abschnitte austauschen. Tips zur Reinigung und Pflege von Bowdenzügen finden Sie auf Seite 44.

Beginnen Sie bei der Einstellung des Umwerfers damit, die Spannung des Schaltzuges zu prüfen. Legen Sie die Kette dazu auf das kleine Kettenblatt. Steht der Schaltzug jetzt ganz leicht unter Zug, stimmt die Spannung. Ist der Schaltzug locker, muß er gespannt werden. Es gibt dafür keine spezielle Stellschraube, wie Sie sie vom hinteren Schaltwerk her kennen. Geringfügiges Spiel können Sie an der Stellschraube am linken Schalthebel (durch sie verläßt der Schaltzug den Schalthebel) korrigieren. Reicht dies nicht aus, lösen Sie die Klemmschraube des Schaltzuges am Umwerfer, straffen den Schaltzug und ziehen die Klemmschraube wieder fest an.

Schwenkbereich des Umwerfers einstellen
Auch beim Umwerfer finden Sie zwei kleine Einstellschrauben, die den oberen und unteren Anschlag begrenzen. Nur ist es hier der Stahlkäfig (Leitblech) des Umwerfers, durch den die Kette läuft, der entsprechend ausgerichtet werden muß. Sind die Einstellschrauben nicht

Der Schaltzug des Umwerfers darf nicht durchhängen, wenn die Kette auf dem kleinen Kettenblatt liegt. Um ihn zu spannen, lösen Sie die Klemmschraube, straffen ihn und ziehen dann die Klemmschraube wieder an

gekennzeichnet (**H** für High = großes Kettenblatt und **L** für Low = kleines Kettenblatt), können Sie in fast allen Fällen davon ausgehen, daß die innere Schraube für das kleine Kettenblatt und die äußere für das große Kettenblatt zuständig ist.

Legen Sie zur Einstellung des äußeren Anschlags die Kette vorn auf das große Kettenblatt und hinten auf das kleinste Ritzel. Stellen Sie jetzt die Einstellschraube so ein, daß zwischen dem äuße-

Checkliste: Umwerfer einstellen		
	JA	NEIN
1. Ist der Bowdenzug abgeknickt und/oder beschädigt?	🚲	🚲
2. Ist der Bowdenzug schwergängig?	🚲	🚲
3. Ist der Bowdenzug richtig gespannt?	🚲	🚲
4. Ist der Schwenkbereich richtig eingestellt?	🚲	🚲
5. Ist der Umwerfer in Relation zu den Kettenblättern richtig ausgerichtet?	🚲	🚲

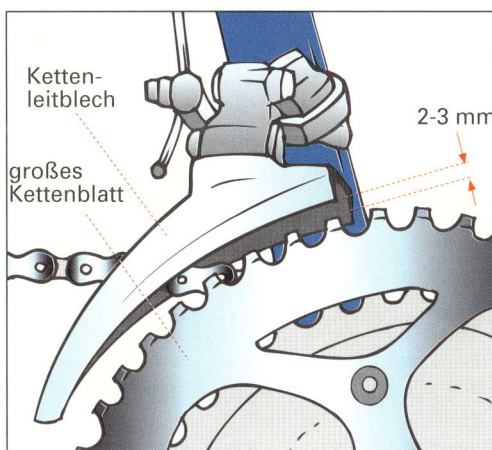

Der Umwerfer muß so auf dem Sitzrohr montiert sein, daß er parallel zum großen Kettenblatt steht und zu dessen Zähnen etwa zwei bis drei Millimeter Abstand hat

Mit den beiden Einstellschrauben am Umwerfer können Sie dessen Schwenkbereich einstellen. Dadurch wird gewährleistet, daß die Kette nicht über das größte bzw. kleinste Kettenblatt hinaus bewegt wird

ren Leitblech des Schaltkäfigs und der Kette etwa ein bis zwei Millimeter Spiel bleiben. Anschließend legen Sie die Kette vorn auf das kleinste Kettenblatt und hinten auf das größte Ritzel, um den inneren Anschlag einzustellen. Auch hier stellen Sie den Abstand zwischen dem inneren Leitblech des Schaltkäfigs und der Kette auf etwa ein bis zwei Millimeter ein. Dies ist die Grundeinstellung. Reicht der eingestellte Bereich nicht aus, um die Kette zuverlässig auf das größte bzw. kleinste Blatt zu befördern, oder ist er zu groß und die Kette wird über das entsprechende Kettenblatt hinaus bewegt, korrigieren Sie entsprechend mit den Einstellschrauben.

Die Positionierung des Umwerfers auf dem Sitzrohr
Neben einem zu lockeren Schaltzug und einem verstellten Begrenzungsbereich bleibt als Fehlerquelle beim Umwerfer nur noch eine falsche Montage auf dem Sitzrohr. Schalten Sie zur Kontrolle auf das große Kettenblatt. Das Leitblech des Umwerfers muß jetzt von oben gesehen par-

allel zum Kettenblatt stehen und von der Seite betrachtet etwa zwei bis drei Millimeter Abstand zu den Zähnen des großen Kettenblattes haben. Ist dies nicht der Fall, muß der Umwerfer auf diese Maße ausgerichtet werden. Lösen Sie dazu die Klemmschraube der in den Umwerfer integrierten Schelle. Öffnen Sie die Klemmschraube nur so weit, daß sich der Umwerfer eben verdrehen läßt, da dieser sonst durch die Schaltzugspannung nach unten gezogen wird. Nachdem Sie den Umwerfer entsprechend ausgerichtet haben, ziehen Sie die Klemmschraube wieder fest an.

Nabenschaltung einstellen

Allgemeine Hinweise
Nabenschaltungen sind dank ihrer gekapselten Bauweise – das gesamte Getriebe befindet sich bestens geschützt im Nabeninneren – sehr zuverlässig und zudem wartungsarm. Pflege bzw. Einstellungsarbeiten beschränken sich für den Do-it-yourself-Mechaniker auf den Schaltzug und das Schaltungskettchen, das durch die Kettenleitmutter (= Achsmutter) ins Nabeninnere führt und dort die Gänge schaltet. Die Technik im Inneren einer Nabenschaltung, vor allem wenn es sich um eine moderne Fünf- oder Siebengang-

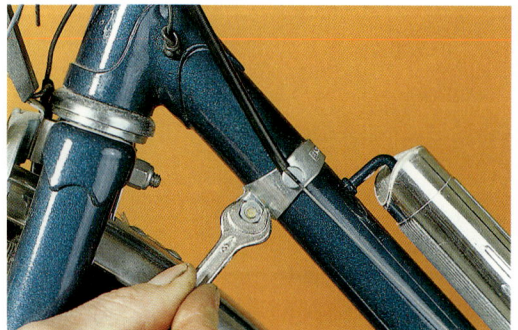

Bevor Sie Ihre Nabenschaltung einstellen, überprüfen Sie das Widerlager des Bowdenzugs und die Befestigung der Umlenkrollen für das Schaltseil auf festen Sitz

Mit der Klemmhülse, die Schaltungskettchen und Schaltseil miteinander verbindet, wird die Schaltseilspannung einer Nabenschaltung eingestellt. Dies garantiert das exakte Einrasten der Gänge

Nabenschaltung handelt, ist sehr komplex. Bereits das falsche Schmiermittel oder ein nicht ganz korrekt eingestelltes Lager können zu Funktionsstörungen führen. Deshalb sollten Sie Reparaturen an Nabenschaltungen dem Fachmann überlassen. Drehen sich die Pedale auch im Freilauf mit, ist das Lager zu stramm eingestellt. Dies ist ebenfalls ein Fall für den Fachmann. Die Einstellung der richtigen Schaltzugspannung (sie garantiert exakte Schaltvorgänge) dagegen ist verhältnismäßig leicht und prblemlos zu bewältigen.

Vor der Einstellung einer Nabenschaltung überprüfen Sie die Befestigung der Umlenkrollen, über die das Schaltseil läuft und die mittels Schellen mit dem Rahmen verschraubt sind. Sie müssen fest sitzen und dürfen kein Spiel haben. Auch das bzw. die Schaltungskettchen muß/müssen leichtgängig sein; einige Tropfen Öl in regelmäßigen Abständen wirken hier Wunder. Ist das Schaltungskettchen verrostet oder durch einen Sturz beschädigt, muß es ausgetauscht werden. Es ist über eine kleine Gewindestange (Rechtsgewinde) im Nabeninneren verschraubt und wird gegen den Uhrzeigersinn herausgedreht. Auch der Bowdenzug, der vom Schalthebel hinunter zum Schaltungskettchen führt, muß leichtgängig sein. Gepflegt wird er wie alle anderen Bowdenzüge am Rad (siehe S. 44).

Der Übergang vom Schaltzug auf das Schaltungskettchen wird bei älteren Schaltungen durch eine Einstellhülse mit Gewinde und Kon-

termutter realisiert. Bei neueren Ausführungen ist eine Schnellkupplung montiert, eine sogenannte Klemmhülse. Sie gibt die Verbindung auf Fingerdruck frei.

Ohne Spannung auf dem Schaltzug ist bei einer Nabenschaltung immer der schnellste Gang eingelegt; also der dritte, fünfte oder siebte Gang. Läßt sich dieser Gang nicht mehr schalten, ist die Spannung des Schaltzugs zu groß. Wenn sich dagegen der kleinste Gang nicht mehr einlegen läßt, ist mit Sicherheit ein zu lockerer Schaltzug die Ursache.

Einstellung von Fichtel-&-Sachs-Dreigang-Naben

Ältere Dreigang-Naben von Fichtel & Sachs weisen am Schalthebel zwischen dem zweiten und dritten Gang eine durch ein Dreieck gekennzeichnete Leerlaufmarkierung auf. Zur Einstellung stellen Sie den Schalthebel auf diese Markierung. Die Kurbeln müssen sich jetzt frei drehen lassen, ohne daß sich das Hinterrad mitdreht. Ist dies nicht der Fall, korrigieren Sie die Spannung des Schaltzugs an der Einstellhülse, bis sich der Leerlauf einstellt, und kontern Sie anschließend wieder mit der kleinen runden Mutter.

Neuere Modelle haben keine Leerlaufstellung mehr. Um diese Schaltungen einzustellen, lockern Sie den Schaltzug, und bringen Sie den Schalthebel in die Position für den dritten Gang. Durch Drehen der Kurbeln lassen Sie diesen einrasten. Der Schaltzug wird nun so eingestellt,

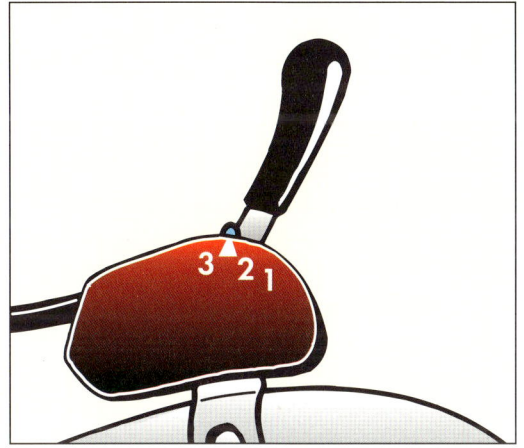

Bei älteren Fichtel-&-Sachs-Dreigang-Naben finden Sie zur Einstellung der Schaltung eine mit einem Dreieck gekennzeichnete Leerlaufmarkierung. In dieser Position müssen sich die Kurbeln frei drehen lassen

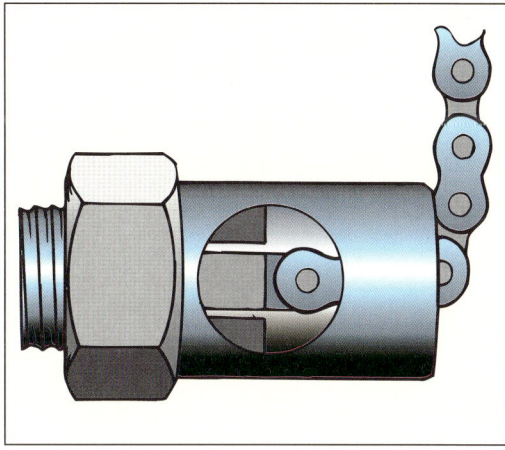

Einstellbeispiel einer englischen Nabenschaltung (Sturmey-Archer): Steht der Schalthebel auf der Markierung für den zweiten Gang, muß die Zugstange mit dem Achsende fluchten

daß er eben gespannt ist. Er darf noch nicht unter Zug stehen, und das Schaltungskettchen darf auf keinen Fall aus der Achsmutter herausgezogen werden.

Einstellung englischer und japanischer Nabenschaltungen

Bei englischen oder japanischen Nabenschaltungen ist die Vorgehensweise ähnlich. Der Schalthebel muß hier ebenfalls in eine entsprechende Einstellposition gebracht werden (siehe Bedienungsanleitung). Teilweise befindet sich in der Kettenleitmutter ein Sichtfenster, in dem die Zugstange (an ihr ist das Schaltungskettchen befestigt) auf gleiche Höhe mit dem Ende der Radachse gebracht werden muß (englische Nabenschaltung), oder in einem Sichtfenster am Betätigungsmechanismus erscheint bei korrekter Einstellung ein »N« für Normalgang (japanische Nabenschaltung).

Fünfgang-Naben einstellen

Da die Vorgehensweise zur Einstellung von Fünf- oder gar Siebengang-Nabenschaltungen zum Teil recht unterschiedlich ist, soll hier stellvertretend die Einstellung der weitverbreiteten Sachs-Pentasport-Fünfgangnabe beschrieben werden. Alle Fünf- oder Siebengang-Nabenschaltungen werden über zwei Schaltseile betätigt, die jeweils

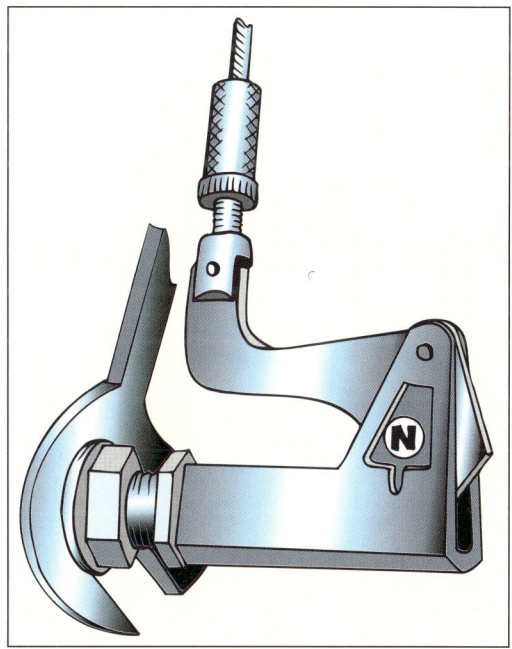

Einstellbeispiel einer japanischen Nabenschaltung des renommierten Herstellers Shimano: Am Hebelmechanismus, der hier das Schaltungskettchen ersetzt, muß bei eingelegtem zweitem Gang (= Normalgang) und korrekter Einstellung ein »N« erscheinen

über ein Schaltungskettchen von beiden Seiten in die Nabe hineinführen. Bezüglich deren Wartung gelten die gleichen Regeln wie für Dreigang-Naben.

Um die Sachs-Pentasport-Fünfgangnabe einzustellen, lösen Sie zuerst beide Schaltzüge am Schaltungskettchen, und drehen Sie die Kurbeln, damit die Nabe in der sogenannten Grundstellung einrastet. Anschließend bringen Sie den Schalthebel in die Position für den vierten Gang. Jetzt können Sie die Klemmhülsen an beiden Seiten wieder so anbringen, daß die Schaltzüge zwar gespannt sind, die Schaltungskettchen sich aber nicht bewegen und nicht aus den Achsmuttern herausgezogen werden. Zur Kontrolle schalten Sie in den ersten Gang und bringen diesen durch Drehen der Kurbeln zum Einrasten. Läßt sich das Schaltungskettchen (auf beiden Seiten prüfen!) jetzt noch aus der Nabe herausziehen, muß es nachgespannt werden.

Bremsen einstellen

Allgemeine Infos

Ganz gleich ob Seiten-, Mittelzug- oder Cantileverbremse: bevor Sie Ihre Felgenbremsen einstellen, reinigen Sie zuerst einmal Felgen und Bremsgummis mit feiner Stahlwolle. Sie können dabei gleich feststellen, ob die Bremsgummis verschlissen oder einseitig abgenutzt sind und ersetzt werden müssen. Starke Höhen- oder Seitenschläge der Felge wirken sich ebenfalls negativ auf die Bremswirkung einer Felgenbremse aus und sollten daher vor den Einstellarbeiten an

PRAXIS TIP

Die maximale Bremsleistung sollte erreicht werden, wenn sich der Bremshebel in der Mitte zwischen Ruhestellung und Lenker befindet, wenn er also nicht bis zum Lenker durchgezogen werden kann. Nur so können Sie ein Maximum an Sicherheit erreichen.

der Bremsanlage beseitigt werden (siehe S. 97). Nicht mehr ganz neue Bremsgummis können Sie vor dem Einstellen mit etwas Schleifpapier aufrauhen.

Sehr wichtig ist auch eine saubere und knickfreie Verlegung der Bowdenzüge. Nur so sprechen die Bremsen sauber an und lassen sich feinfühlig dosieren. Die Bremsen müßen immer so eingestellt sein, daß der Bremshebel auch bei einer Vollbremsung nicht bis zum Lenker durchgezogen werden kann. Verfallen Sie aber bitte nicht ins andere Extrem: Wenn sich der Bremshebel kaum noch bewegen läßt, ermüdet die Bremshand sehr schnell.

Einstellung von Seiten- und Mittelzugbremsen

Bowdenzug und Befestigungsschraube überprüfen
Während bei Seitenzugbremsen (auch Rennbremsen genannt) der Bowdenzug asymmetrisch, also seitlich, ansetzt, sitzt er bei Mittelzugbremsen mittig. Überprüfen Sie den Bowdenzug

Checkliste: Seiten- und Mittelzugbremsen überprüfen und einstellen		
	JA	**NEIN**
1. Ist der Bowdenzug beschädigt und/oder geknickt?	🚲	🚲
2. Ist der Bowdenzug leichtgängig?	🚲	🚲
3. Ist die Befestigungsschraube der Bremse fest angezogen?	🚲	🚲
4. Sind die Bremsgummis verschlissen oder stark verschmutzt?	🚲	🚲
5. Sind die Bremsgummis richtig auf die Felge ausgerichtet?	🚲	🚲
6. Berühren die Bremsgummis die Felge gleichzeitig?	🚲	🚲
7. Ist der Leerweg am Bremshebel optimal eingestellt?	🚲	🚲

Nach dem Lösen der Befestigungsschraube können Sie die Bremsgummis exakt auf die Felgenflanke ausrichten. Die Bremmsgummis dürfen weder den Reifen berühren noch über die Felgenflanke hinausragen

Durch das Lösen der Bremsenbefestigungsschraube können Sie die komplette Bremse verdrehen und mittig ausrichten. Dadurch erreichen Sie, daß beide Bremsgummis die Felge gleichzeitig berühren

Die Spannung des Bremszugs korrigieren Sie an der Einstellschraube der Bremse. Spannen Sie den Bremszug so, daß die volle Bremsleistung erreicht ist, wenn der Bremshebel in der Mitte zwischen Ruhestellung und Lenker steht

auf gedrückte oder abgeknickte Stellen und beseitigen Sie Schäden, indem Sie die betroffenen Abschnitte austauschen. Tips zur Pflege von Bowdenzügen finden Sie auf Seite 44.

Beide Bremsenbauarten werden als Einheit mit einer Schraube am Rahmen oder an der Gabel verschraubt. Überprüfen Sie diese Befestigungsschraube auf festen Sitz.

Bremsgummis kontrollieren und auf die Felge ausrichten
Sind die Bremsgummis zu 50 Prozent oder mehr abgenutzt, sollten sie gegen neue ausgetauscht

werden (siehe S. 75). Sind sie noch nicht verschlissen, kontrollieren Sie, ob sie genau auf die Felgenflanke ausgerichtet sind und mit ihrer gesamten Fläche aufliegen.

Ist das nicht der Fall, lösen Sie mit einem Gabel- bzw. einem Innensechskantschlüssel die Klemmschraube des Bremsgummis, richten es entsprechend aus und ziehen dann die Klemmschraube wieder fest an.

Bremse am Rahmen ausrichten
Für eine gleichmäßige Bremswirkung ist es wichtig, daß immer beide Bremsgummis gleichzeitig die Felge berühren. Um dies zu erreichen, läßt sich die komplette Bremse nach dem Lösen der Bremsenbefestigungsschraube verdrehen.

Lösen Sie also bei Bedarf diese Schraube, und richten Sie die Bremse so aus, daß beide Bremsgummis gleich weit von der Felgenflanke entfernt sind. Anschließend wird die Bremsenbefestigungsschraube wieder fest angezogen.

Leerweg am Bremshebel einstellen
Stellen Sie mit der Einstellschraube an der Brem-

Reicht der Verstellbereich der Einstellschraube für eine korrekte Einstellung des Leerwegs am Bremshebel nicht aus, muß die Klemmschraube des Bremszugs gelöst werden. Anschließend straffen Sie den Bremszug und ziehen die Klemmschraube wieder fest an

se bzw. an der Bremszugabstützung den Leerweg am Bremshebel so ein, daß die volle Bremswirkung erreicht wird, wenn dieser sich genau in der Mitte zwischen Ruhestellung und Lenker befindet. Läßt sich der Bremshebel zu weit in Richtung Lenker ziehen, drehen Sie die Einstellschraube etwas heraus und umgekehrt.

Ist der Verstellbereich der Einstellschraube zu gering, muß der Seilzug nachgespannt werden. Ein spezielles Werkzeug, treffend »Dritte Hand« genannt, leistet dabei gute Dienste, ist aber nicht unbedingt notwendig. Es preßt durch Federkraft die Bremsgummis an die Felge, wodurch Sie

beide Hände zum Arbeiten frei haben. Bevor Sie den Bremszug spannen, drehen Sie die Einstellschraube ganz hinein und dann wieder drei bis vier Umdrehungen heraus. So haben Sie – ist der Bremszug gelöst, straff nachgespannt und wieder festgeklemmt – die Möglichkeit, den Bremsgummis durch erneutes Hineindrehen der Einstellschraube das notwendige Spiel zur Felge zu geben.

Einstellung von Cantileverbremsen

Bowdenzug und Befestigungsschrauben überprüfen
Überprüfen Sie den Bowdenzug auf gedrückte oder abgeknickte Stellen, und beseitigen Sie Schäden, indem Sie die betroffenen Abschnitte austauschen. Tips zur Reinigung und Pflege von Bowdenzügen finden Sie auf S. 44 .

Die beiden Bremsarme einer Cantileverbremse sind auf den sogenannten Bremssockeln (die an Rahmen bzw. Gabel angelötet oder angeschweißt sind) verschraubt. Überprüfen Sie diese Befestigungsschrauben regelmäßig auf festen Sitz.

Seilgeometrie richtig einstellen
Der Winkel, in dem die Bremsarme zueinander stehen, ist wichtig in bezug auf die Wirkung einer Cantileverbremse. Bei einer schlechten Einstellung wird zu wenig Druck auf die Bremsgummis übertragen; die Bremsleistung ist dementsprechend dürftig.

Checkliste: Cantileverbremsen einstellen	JA	NEIN
1. Ist der Bowdenzug beschädigt und/oder geknickt?		🚲
2. Ist der Bowdenzug leichtgängig?	🚲	
3. Sind die Befestigungsschrauben der beiden Bremsarme fest angezogen?	🚲	
4. Ist die Seilgeometrie richtig eingestellt?	🚲	
5. Sind die Bremsgummis verschlissen oder stark verschmutzt?		🚲
6. Sind die Bremsgummis richtig auf die Felge ausgerichtet?	🚲	
7. Berühren die Bremsgummis die Felge gleichzeitig?	🚲	
8. Ist der Leerweg am Bremshebel optimal eingestellt?	🚲	

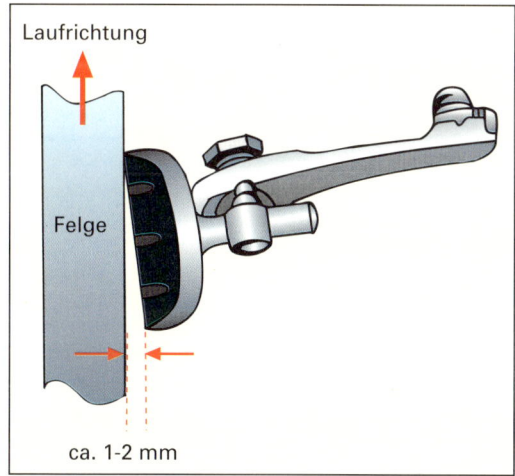

Bei angezogener Bremse muß das Querkabel – es verbindet die Bremsarme miteinander – mit diesen einen Winkel von 90° bilden. Um den Winkel des Querkabels zu verändern, öffnen Sie die Klemmschraube am Bremsarm (auf der gegenüberliegenden Seite ist das Querkabel nur eingehängt), und korrigieren Sie entsprechend.

Bremsgummis auf die Felge ausrichten
Um eine optimale Bremswirkung zu erreichen, müssen die Bremsgummis auch bei einer Cantileverbremse optimal auf die Felge ausgerichtet werden.

Quietschende Bremsen können Sie vermeiden, indem Sie die Bremsgummis so einstellen, daß diese die Felge – von oben betrachtet – zuerst vorne berühren und dabei hinten noch etwa ein bis zwei Millimeter von der Felge entfernt sind. Die Bremsgummis sollen also leicht schräg stehen. Von der Seite betrachtet, müssen die Bremsgummis mit ihrer gesamten Fläche auf die Felgenflanke treffen. Der Abstand zum Reifen einerseits und zu der Felgenkante andererseits sollte gleichmäßig sein.

Lösen Sie die Klemmschraube, um die Bremsgummis entsprechend auszurichten. Die exakte Einstellung wird durch eine Einstellscheibe ermöglicht, die sich zwischen dem Befestigungsstift des Bremsgummis und dem Bremsarm

90°

Um eine optimale Bremswirkung zu erzielen, muß das Querkabel bei Cantileverbremsen so eingestellt werden, daß es mit der Auflagefläche Felge/Bremsgummi einen Winkel von 90° bildet

Laufrichtung

Felge

ca. 1-2 mm

Bremsenquietschen vermeiden: Die Bremsgummis müssen die Felge zuerst vorn berühren

PRAXIS TIP

Haben Sie die Einstellung Ihrer Cantileverbremse zu lange hinausgezögert, entsteht unten an den Bremsgummis oft ein Grat, da diese unten über die Felgenflanke hinauswandern, nicht mehr vollflächig aufliegen und dadurch nicht gleichmäßig abgerieben werden. Unangenehmer Nebeneffekt: die Bremsgummis bleiben an der Felge hängen und kehren nicht mehr in ihre Ruhestellung zurück.
Schneiden Sie diesen Grat mit einem scharfen Messer ab, sofern die Bremsgummis noch nicht völlig verschlissen sind und ohnehin ausgetauscht werden müssen.

Um sicherzustellen, daß beide Bremmgummis die Felge gleichzeitig berühren, können Sie an einem Bremsarm die Federvorspannung durch eine kleine Stellschraube verändern

Von der Seite betrachtet, richten Sie die Bremsgummis so aus, daß diese weder den Reifen berühren noch über die Felgenflanke hinausragen. Anschließend fixieren Sie die Bremsgummis in der richtigen Position mit der hinten liegenden Mutter

Die Spannung des Bremszugs korrigieren Sie bei einer Cantileverbremse am Bremshebel. Stellen Sie den Leerweg Ihres Bremshebels so ein, daß die volle Brems- leistung erreicht ist, wenn der Bremshebel in der Mitte zwischen Ruhestellung und Lenker steht

befindet. Diese Einstellscheibe ist abgeschrägt und kann verdreht werden, sobald die Klemmschraube gelöst wird.

Bremsarme synchron einstellen
Bewegen sich die Bremsarme nicht synchron, d.h. berührt einer der beiden Bremsgummis die Felge zuerst oder streift ständig, muß korrigiert werden. Dies erreichen Sie durch eine winzige Schraube am Bremsarm, durch die die Federvorspannung der im Inneren verborgenen Rückstellfeder verändert wird. Diese Verstellschraube findet sich nur an einem der beiden Bremsarme. Steht der Bremsarm mit der Verstellschraube zu weit von der Felge ab, ist die Federvorspannung

zu groß, und Sie müssen die Schraube etwas lösen und umgekehrt.

Leerweg am Bremshebel einstellen
Stellen Sie mit der Einstellschraube am Bremshebel dessen Leerweg so ein, daß die volle Bremswirkung erreicht wird, wenn dieser sich genau in der Mitte zwischen Ruhestellung und Lenker befindet. Läßt sich der Bremshebel zu weit in Richtung Lenker ziehen, drehen Sie die Einstellschraube etwas heraus und umgekehrt.

Ist der Verstellbereich der Einstellschraube zu gering, muß der Seilzug nachgespannt werden. Bevor Sie den Bremszug spannen, drehen Sie die

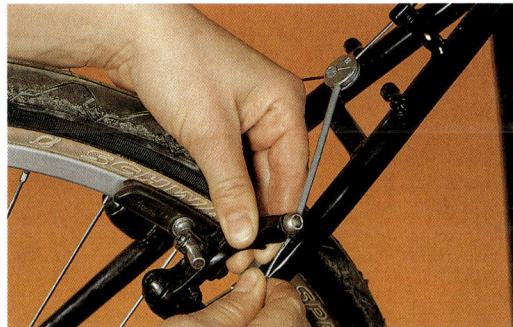

Reicht der Verstellbereich der Einstellschraube am Bremshebel für eine korrekte Einstellung des Leerwegs nicht aus, muß die Klemmschraube des Bremszugs am Bremsarm gelöst werden. Anschließend straffen Sie ihn und ziehen die Klemmschraube wieder fest an

Die Bremszugspannung bei einer Trommelbremse können Sie entweder am Bremshebel oder unten an einer speziellen Einstellschraube korrigieren. Oben rechts sehen Sie die Befestigungsschraube des Bremsankers

Einstellschraube am Bremshebel ganz hinein und dann wieder drei bis vier Umdrehungen heraus. So haben Sie – ist der Bremszug gelöst, straff nachgespannt und wieder festgeklemmt – die Möglichkeit, den Bremsgummis durch erneutes Hineindrehen der Einstellschraube das notwendige Spiel zur Felge zu geben.

Einstellung von Trommelbremsen

Bowdenzug und Befestigung/Bremsanker überprüfen
Überprüfen Sie den Bowdenzug auf gedrückte oder abgeknickte Stellen, und beseitigen Sie Schäden, indem Sie die betroffenen Abschnitte austauschen. Tips zur Reinigung und Pflege von Bowdenzügen finden Sie auf Seite 44. Der Bremsanker verbindet, meist mittels einer Schelle, den inneren, feststehenden Teil der Trommel-

bremse mit Rahmen bzw. Gabel. Ist diese Verbindung locker, ruckelt die Trommelbremse während des Bremsens. Überprüfen Sie diese Schraubverbindung regelmäßig, und ziehen Sie sie gegebenenfalls nach.

Leerweg optimal einstellen
Die Bremsbacken brauchen bei einer Trommelbremse nicht eingestellt zu werden. Lediglich der Leerweg am Bremshebel muß eingestellt werden. Durch den Bremsbelagverschleiß wird er immer größer. Bei Trommelbremsen können Sie

Checkliste: Trommelbremsen einstellen		
	JA	**NEIN**
1. Ist der Bowdenzug geknickt und/oder beschädigt?	🚲	🚲
2. Ist der Bowdenzug leichtgängig?	🚲	🚲
3. Ist die Befestigungsschraube des Bremsankers fest angezogen?	🚲	🚲
4. Ist der Leerweg am Bremshebel optimal eingestellt?	🚲	🚲

den Leerweg meist über eine Einstellschraube direkt am Bremshebel oder zusätzlich über eine Einstellschraube unten an der Bremse einstellen.

An dieser unteren Einstellschraube wird die Hülle des Bowdenzuges abgestützt. Der Leerweg wird hier so eingestellt, daß die maximale Bremsleistung erreicht wird, wenn sich der Bremshebel in der Mitte zwischen Lenker und Ruhestellung befindet.

Einstellung von Rücktrittbremsen

Befestigung des Bremsankers überprüfen
Ruckelt eine Rücktrittbremse während des Bremsvorgangs, ist die Verschraubung des Bremsankers locker. Der Bremsanker sitzt auf der linken Nabenseite und stützt sich an der Kettenstrebe ab. Im Fall einer lockeren Verbindung

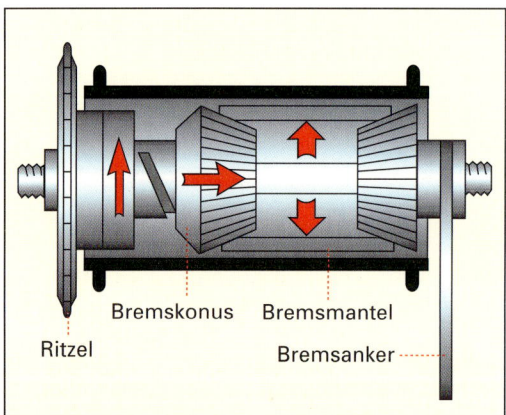

Ritzel — **Bremskonus** — **Bremsmantel** — **Bremsanker**

Bei einer Rücktrittbremse wird über einen Bremskonus im Nabeninneren der Bremsmantel gegen die Nabeninnenseite gepreßt. Rücktrittbremsen sind nahezu wartungsfrei und brauchen nicht eingestellt zu werden

ziehen Sie die Befestigungsschraube mit einem Gabelschlüssel wieder fest an.

Rücktrittbremse ölen
Ist die Bremswirkung Ihrer Rücktrittnabe zu heftig, muß diese geölt werden. Der Bremsmantel wird ja über den Bremskonus im Inneren der Nabe auseinandergespreizt und so gegen die Nabeninnenseite gepreßt. Es bremst also Metall auf Metall, und das sollte nicht völlig trocken geschehen.

Je nach Rücktrittbremsnabe finden Sie einen Schmiernippel, oder das dünnflüssige Öl wird einfach durch Bohrungen bzw. Fugen im Staubschutzdeckel (Rad dazu auf die rechte Seite legen) ins Nabeninnere geträufelt.

Zeigt das Abschmieren keine Wirkung oder ist die Bremswirkung zu schwach, sollten Sie die Rücktrittbremse von einem Profi checken lassen.

Einstellungsarbeiten an den Lagern

Allgemeine Infos
Konuslager bedürfen regelmäßiger Pflege und müssen bei zu großem bzw. zu geringem Lagerspiel eingestellt werden. Die Demontage samt Reinigung und Schmierung von Konuslagern wird ab Seite 82 beschrieben. Hier erklären wir Ihnen die Einstellung der Lager. Denn Konuslager laufen nur dann effektiv und zuverlässig, wenn sie exakt eingestellt sind. Haben Konuslager zu viel Spiel, sind sie durch die einwirkenden Stöße und das Geruckel durch Bremsvorgänge schnell ruiniert. Sind sie zu stramm eingestellt, wird das Lager schwergängig und die Kugeln laufen Gefahr, sich vorzeitig in die Lauffläche einzudrücken.

Checkliste: Rücktrittbremsen einstellen		
	JA	**NEIN**
1. Ist die Befestigungsschraube des Bremsankers fest angezogen?	🚲	🚲
2. Ist die Bremswirkung zu heftig?	🚲	🚲
3. Ist die Bremswirkung zu schwach?	🚲	🚲

Klassischen Steuersatz einstellen

Sobald Ihr Steuersatz Spiel aufweist, sollten Sie ihn neu einstellen. Durch Fahrbahnunebenheiten drücken sich die Kugeln sonst im Nu in die Laufflächen, und es entsteht eine Lenkung, die in der Mitte »einrastet«. Sie spüren Lagerspiel schon frühzeitig beim Bremsen; es ruckelt dann ständig. Sie können zur Kontrolle auch die rechte Hand auf den Übergang zwischen Gabel und Steuerrohr legen und das Rad, während Sie mit der linken Hand bremsen, hin- und herschieben. Ein etwaiges Lagerspiel spüren Sie dann ebenfalls deutlich.

Zur Einstellung des Steuersatzes benötigen Sie zwei flache Gabelschlüssel mit der passenden Maulweite. Meist liegt diese zwischen 32 und 36 Millimeter. Ist der Steuersatz locker, lösen Sie zuerst die obere Kontermutter. Die Klemmung des Vorbaus im Gabelschaftrohr brauchen Sie nicht zu lösen. Anschließend drehen Sie die darunter liegende Mutter von Hand soweit fest, bis kein Lagerspiel mehr vorhanden ist.

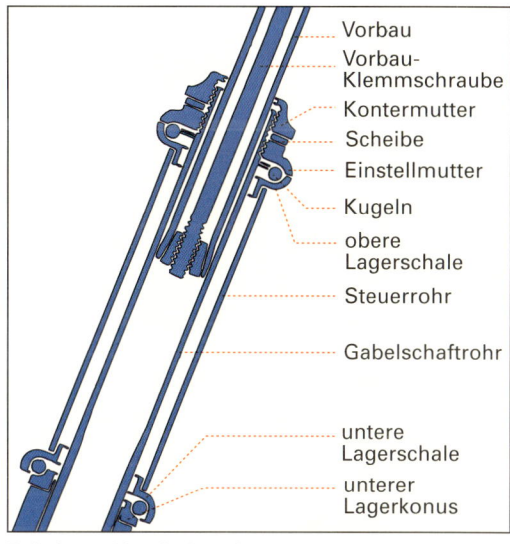

Vorbau
Vorbau-Klemmschraube
Kontermutter
Scheibe
Einstellmutter
Kugeln
obere Lagerschale
Steuerrohr
Gabelschaftrohr
untere Lagerschale
unterer Lagerkonus

Bei einem klassischen Steuersatz handelt es sich im Prinzip um zwei Konuslager, die mit Steuersatzschlüsseln über die obere Einstellmutter gemeinsam eingestellt werden

Eventuell vorhandenes Lagerspiel am Steuersatz fühlen Sie mit der rechten Hand, während Sie mit der linken gleichzeitig bremsen und das Rad hin- und herschieben

Das Lagerspiel eines klassischen Steuersatzes stellen Sie mit zwei Steuersatzschlüsseln ein. Ist die Kontermutter gelöst, können Sie an der darunterliegenden Einstellmutter das Lagerspiel korrigieren

Die Einstellung ist dann optimal, wenn kein Lagerspiel mehr zu spüren ist und der Lenker bei angehobenem Vorderrad leicht von einer Seite zur anderen pendelt. Ist dies nicht der Fall, ist der Steuersatz bereits zu stramm eingestellt und muß wieder etwas gelöst werden.

Haben Sie die richtige Einstellung gefunden, müssen Sie diese sichern. Dazu halten Sie mit einem Steuersatzschlüssel die untere Mutter in ihrer Position fest und drehen mit dem zweiten Schlüssel die darüberliegende Mutter fest. Da sich dabei leicht die untere Mutter etwas mit-dreht, kann es passieren, daß das Lager nach dem Kontern zu stramm läuft. Kontrollieren Sie also nach erfolgter Konterung nochmals, und kor-rigieren Sie notfalls die Einstellung.

Es gibt auch Steuersätze, die ohne die wuchtigen Gabelschlüssel eingestellt werden können. Bei diesen Ausführungen wird die obere Mutter mit einer Innensechskantschraube auf dem Gabel-schaftrohr festgeklemmt. Die Vorgehensweise bei der Einstellung ist die gleiche wie oben beschrieben. Nur wird die obere Mutter von Hand gegen die untere gedreht und dann durch Anziehen der Innensechskantschraube fixiert. Eine tolle Sache, vor allem wenn eine Neuein-stellung einmal »on the road« notwendig wird.

Ahead-Set-Steuersatz justieren
Nach dem Ahead-Set-Prinzip konstruierte Steuer-sätze lassen sich ebenfalls mit einem kleinen Innensechskantschlüssel einstellen. Im unteren Lagerbereich sind sie gleich aufgebaut wie her-kömmliche Steuersätze, oben dagegen völlig anders. Das Gabelschaftrohr hat beim Ahead-Set-Steuersatz kein Gewinde, sondern ist völlig glatt. Die obere Lagerschale und der spezielle Lenkervorbau lassen sich auf dem glatten Ga-

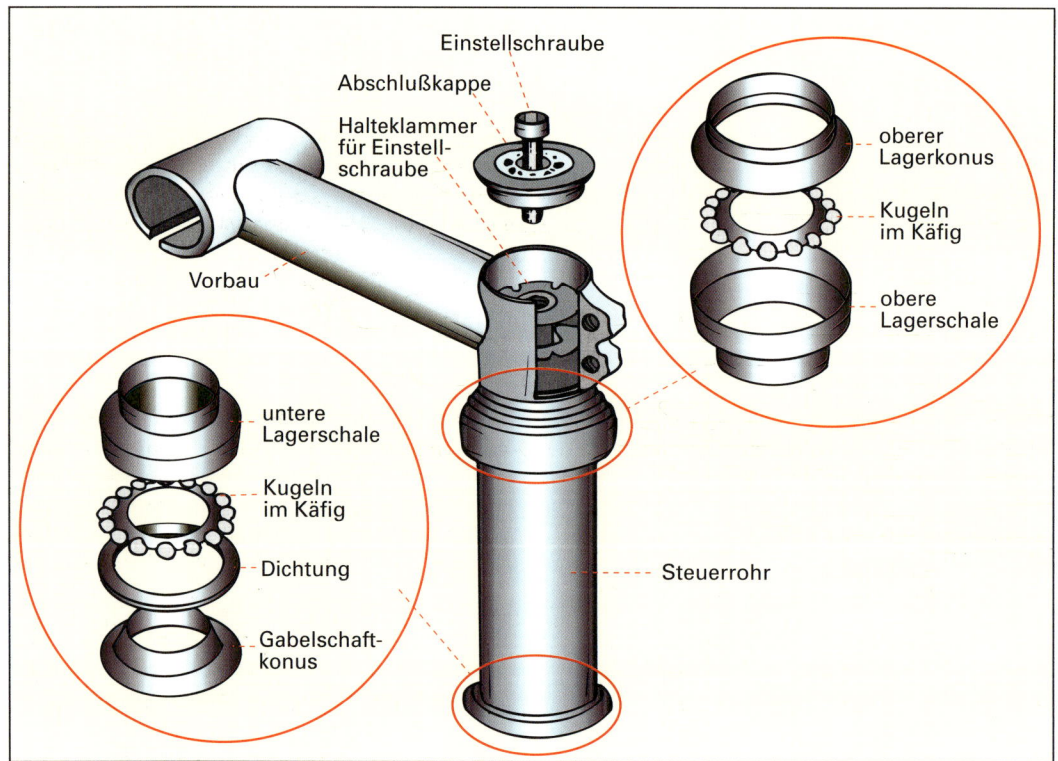

Bei einem Steuersatz nach dem Ahead-Set-Prinzip wird das Lagerspiel nicht über eine Einstellmutter eingestellt. Hier wird einfach der auf dem Gabelschaftrohr gleitende Vorbau durch die Einstellschraube gegen den oberen Lagerkonus gezogen

Haben Sie die beiden seitlichen Vorbau-Klemm-schrauben gelöst, können Sie durch die Einstell-schraube oben das Lagerspiel einstellen. Ist dieses korrekt eingestellt, ziehen Sie beide Vorbau-Klemmschrauben wieder fest an

belschaftrohr beliebig verschieben. Dabei drückt der Vorbau auf die obere Lagerschale und hält dadurch, ist er erst einmal festgeklemmt, alles in Position.

Um das Spiel des Steuersatzes einzustellen, müssen Sie also zuerst die seitlichen Klemm-schrauben des Vorbaus lösen. Jetzt können Sie durch Anziehen bzw. Lösen der oben im Vorbau sitzenden Einstellschraube – sie wird durch eine Kralle im Gabelschaftrohr festgehalten und erlaubt es so, den Vorbau nach unten zu ziehen – das Lagerspiel einstellen. Durch Hineindrehen der Schraube wird das Lagerspiel verringert und umgekehrt.

Haben Sie das Lagerspiel richtig eingestellt, wird der Vorbau durch die seitlichen Klemmschrauben wieder mit dem Gabelschaftrohr verklemmt.

Einstellung von Radnaben mit Konuslagerung

Das Lagerspiel der Naben sollte immer am aus-gebauten Laufrad überprüft werden. So läßt sich die Radachse zur Kontrolle feinfühlig mit den Fin-gern drehen. Sie sollte weder schwergängig sein noch Spiel aufweisen. Ein Konuslager ist nicht erst dann zu locker eingestellt, wenn Sie dessen Spiel bereits im eingebauten Zustand der Laufrä-der durch deren Wackeln im Rahmen feststellen können. Das Lager darf aber auch nicht so stramm eingestellt sein, daß sich dessen Achse

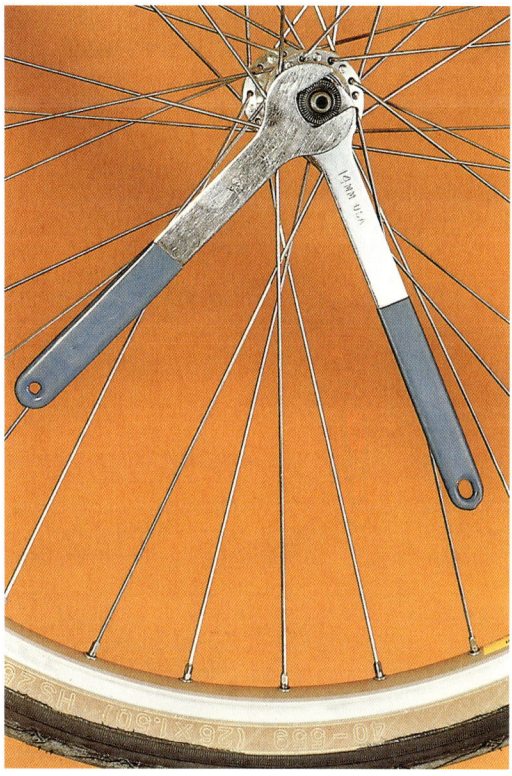

Um das Lagerspiel einer konusgelagerten Radnabe einzustellen, halten Sie mit einem Konusschlüssel die untere Mutter fest und lösen mit dem zweiten die Kontermutter. Jetzt können Sie an der unteren Mutter korrigieren und abschließend wieder kontern

kaum noch von Hand drehen läßt. Um das Lager neu einzustellen, müssen Sie zuerst die Konte-rung lösen. Sie benötigen dazu zwei flache, auch Konusschlüssel genannte, Gabelschlüssel. Mit einem Konusschlüssel in der linken Hand halten Sie die untere Mutter (den Konus) fest und lösen mit dem zweiten Konusschlüssel und der rech-ten Hand die außenliegende Kontermutter. Haben Sie diese gelöst, drehen Sie den darunter liegenden Konus von Hand so fest, daß sich die Achse leichtgängig, aber spielfrei drehen läßt.

Anschließend wird der Konus wieder mit dem Konusschlüssel festgehalten, während Sie die Kontermutter mit dem zweiten Schlüssel dage-gen verschrauben, sprich kontern.

Abschließend sollten Sie das Lagerspiel nochmals überprüfen, da das Lager nach dem Kontern
meist etwas zu stramm läuft. Gegebenenfalls
korrigieren Sie die Einstellung entsprechend.
Nach 100 bis 200 gefahrenen Kilometern sollten
Sie das Lagerspiel nochmals überprüfen.

Einstellung konusgelagerter Pedale
Angesichts der technischen Vielfalt an Pedalbau-
arten läßt sich keine allgemeine Vorgehensweise
für die Einstellung der Lager in Pedalen beschreiben. Zum Teil sitzt die Konterung innen, zum Teil
außen. In vielen Pedalen kommen nur Konuslager zum Einsatz, teilweise aber auch Rollenlager
und/oder Rillenkugellager.

Handelt es sich um ein Pedal mit der weitverbreiteten Konuslagerung, ist die Vorgehensweise
identisch mit der Einstellung eines Radlagers. Sie
werden keine Probleme haben, damit zurechtzu-
kommen. Meist sitzt die Konterung außen und ist
durch eine kleine Staubschutzkappe abgedeckt.
Nachdem Sie diese herausgeschraubt bzw. mit
einem kleinen Schraubendreher herausgehebelt
haben, wird darunter die Kontermutter sichtbar.

Um ein Pedallager auf Lagerspiel zu überprüfen,
nehmen Sie das Pedal in die eine Hand und die
Kurbel in die andere. Wenn Sie beide gegeneinander verspannen, werden Sie vorhandenes
Lagerspiel sofort spüren.

Innenlager auf Spiel überprüfen
Um das Lagerspiel eines Innenlagers zu kontrollieren, greifen Sie mit beiden Händen die Kurbeln, und prüfen Sie durch wechselseitiges
Drücken quer zur Drehrichtung des Innenlagers,
ob Lagerspiel vorhanden ist. Sie können auch mit
einer Hand ans Sitzrohr greifen und mit der anderen versuchen, die Kurbel dagegen zu drücken.
Wackelt die Kurbel dabei, ist das Lagerspiel zu
groß. Meist aber werden Sie zu großes Lagerspiel bereits beim Pedalieren spüren. Es knackt
und ruckt dann regelmäßig.

Sie sollten das Innenlager auch auf Schwergängigkeit überprüfen. Nehmen Sie dazu die Kette
von Hand vom Kettenblatt herunter, und legen
Sie sie innen auf das Tretlagergehäuse. Wenn Sie
die Kurbeln jetzt mit Schwung in Drehung ver-
setzen, muß sich alles frei, leicht und ohne knirschende Geräusche drehen.

**Haben Sie die Staubschutzkappe herausgehebelt,
kommt bei einem konusgelagerten Pedal die Kontermutter samt darunterliegender Einstellmutter
zum Vorschein**

Lagerbauart herausfinden
Weist das Innenlager Spiel auf, müssen Sie herausfinden, um was für eine Bauart es sich dabei
handelt.

Wartungsfreie, dauergeschmierte *Patronenlager*
werden als in sich geschlossene Einheit im Tretlagergehäuse verschraubt. Sie können nicht eingestellt oder abgeschmiert werden. Weisen Sie
Spiel auf oder sind sie schwergängig geworden,
müssen Patronenlager ausgetauscht werden
(Seite 90). Sie erkennen ein Patronenlager daran,
daß es auf beiden Seiten ohne Konterung ins
Tretlagergehäuse eingeschraubt ist.

Ein einstellbares *Konuslager* erkennen Sie an
dem schmalen Konterring, der sich auf der linken
Seite des Tretlagergehäuses befindet und die
Lagereinstellung sichert.

An älteren Fahrrädern finden sich teilweise noch
Thompson-Lager. Sie erkennen diese Lagerbauart an den glockenförmig über das Tretlagergehäuse greifenden Schutzkappen.

Innenlager in Konusbauweise einstellen
Bei einem Innenlager in Konusbauweise finden
Sie auf der linken Seite einen schmalen Konterring. Dieser wird gegen das Tretlagergehäuse
geschraubt und verhindert, daß sich die Lagereinstellung verändert. Dieser Konterring ist
außen mit Aussparungen versehen und sollte
möglichst mit einem passenden Hakenschlüssel
angezogen bzw. gelöst werden. Zur Not geht es

Um ein Innenlager in Konusbauweise einstellen zu können, müssen Sie zuerst mit einem passenden Hakenschlüssel den äußeren Konterring auf der linken Seite lösen

Mit einem Stirnlochschlüssel können Sie an der linken Lagerschale das Lagerspiel einstellen. Rechtsdrehung verringert das Lagerspiel, Linksdrehung vergrößert es

auch mit der Klinge eines Schraubendrehers und einem Hammer. Erwarten Sie nicht, daß anschließend an dem stark zerhämmerten Konterring noch ein Hakenschlüssel greift.

Da das Innenlager von der Kettenblattseite her ins Tretlagergehäuse geschraubt und von der gegenüberliegenden Seite gekontert wird, ist es teilweise möglich, eine Einstellung ohne Demontage der linken Kurbel vorzunehmen. Sollte sich der entsprechende Schlüssel nicht ansetzen lassen, müssen Sie die linke Kurbel demontieren (siehe S. 88).

Bevor Sie das Lagerspiel einstellen, prüfen Sie zuerst, ob die rechte, kettenblattseitige Lagerschale fest angezogen ist. Bei der rechten, kettenblattseitigen Lagerschale kann es sich – je nach Lagerbauart – um ein Rechts- oder Linksgewinde handeln. Beim weitverbreiteten BSA-Lager (an fast allen Mountainbikes und Trekkingrädern zu finden) und bei allen englischen Gewinden ist die rechte Lagerschale mit einem Linksgewinde und die linke mit einem Rechtsgewinde im Tretlagergehäuse verschraubt. Bei französischen und italienischen Gewinden (meist an älteren Rennrädern zu finden) sind beide Schalen mit einem Rechtsgewinde im Tretlagergehäuse verschraubt.

Für den Hobbymechaniker ist es nicht ganz leicht, die Gewindeart zu diagnostizieren. Holen Sie sich im Zweifelsfall Rat bei einem Fachmann. Ist die rechte Lagerschale locker, was sehr selten

vorkommt, läßt sich deren Drehrichtung aber ohnehin leicht feststellen. Sitzt sie fest, brauchen Sie sich um die Gewindeart keine Gedanken zu machen. Dieses Wissen wird notwendig, wenn Sie das Lager demontieren müssen (siehe S. 91).

Sitzt die rechte Lagerschale fest und muß das Lagerspiel korrigiert werden, lösen Sie zuerst auf der linken Seite den Konterring. Dabei handelt es sich grundsätzlich um ein Rechtsgewinde. Die Lagerschale ist meist mit kleinen Löchern versehen, in die ein spezieller Stirnlochschlüssel paßt. Mit dem Stirnlochschlüssel können Sie durch Rechtsdrehung das Lagerspiel verringern bzw. durch Linksdrehung vergrößern. Die exakte Einstellung erfordert Fingerspitzengefühl, da eine zu stramme bzw. zu lockere Einstellung dicht beieinander liegen. Nehmen Sie sich Zeit für diese Arbeit, und kontrollieren Sie das Lagerspiel nach erfolgter Einstellung sorgfältig. Haben Sie die richtige Einstellung gefunden, halten Sie die Lagerschale mit dem Stirnlochschlüssel fest und sichern Sie, indem Sie den Konterring gegen das Tretlagergehäuse schrauben. Da sich die Lagerschale beim Kontern meist noch etwas mitdreht, ist es vorteilhaft, das Lagerspiel eher zu locker als zu stramm einzustellen. Nach dem Kontern müssen Sie das Lagerspiel bzw. dessen Leichtgängigkeit nochmals kontrollieren und notfalls korrigieren.

Löst sich der Konterring schon nach kurzer Zeit wieder bzw. tut er das in regelmäßigen Abständen, liegt er nicht flächig am Tretlagergehäuse an. Dieses muß dann plangefräst werden. Dies ist eine Arbeit für die Werkstatt. Die Anschaffung der teuren Fräswerkzeuge lohnt sich für den Do-it-yourself-Mechaniker nicht.

Thompson-Lager einstellen

Beim Thompson-Lager sind die Lagerschalen ins Tretlagergehäuse eingepreßt. Die Einstellung erfolgt über die linke »Glocke«, die auf einem Linksgewinde direkt auf der Lagerachse läuft. Dadurch kann das Lagerspiel eingestellt werden. Auch die Kontermutter weist ein Linksgewinde auf. Im Gegensatz zu neueren Innenlagern vergrößern Sie das Lagerspiel beim Thompson-Lager durch Rechtsdrehung und verringern es durch Linksdrehung.

Ansonsten sind Einstellung und Konterung dieselbe wie bei neueren Lagern. Einziger Unterschied: Thompson-Lagern finden Sie so gut wie immer in Verbindung mit Keilkurbeln. Wie diese demontiert werden, finden Sie auf Seite 88 erläutert.

Gleichgültig, ob neuestes Innenlager oder antiquiertes Thompson-Lager: wenn es sich partout nicht mehr einstellen läßt oder mahlende und knirschende Geräusche von sich gibt, muß es überholt oder sogar ersetzt werden (siehe S. 90).

Kleinere Reparaturen

Die Kette: Inspektion, Wartung und Wechsel

Wann ist die Kette verschlissen?

Eine Kette kann in Verbindung mit einer Kettenschaltung, feuchter Witterung und ausschließlichem Einsatz auf erdigen und sandigen Wegen bereits nach 1000 Kilometern völlig verschlissen sein. Andererseits kann die Kettenlaufleistung an einem Rad mit Nabenschaltung und einem guten Kettenschutz gut und gerne eine fünfstellige Kilometer-Laufleistung erreichen. Aber auch in Verbindung mit einer Kettenschaltung sind, gute

Den Kettenverschleiß messen Sie am exaktesten mit einer speziellen Kettenlehre. Hat sich die Kette so stark gelängt, daß die Kettenlehre auf dieser aufliegt, muß sie ersetzt werden

Pflege vorausgesetzt, bis zu 4000 Kilometer Laufleistung möglich.

Ersetzen Sie eine verschlissene Kette rechtzeitig durch eine neue. So verhindern Sie, daß auch noch die Ritzel und die Kettenblätter in Mitleidenschaft gezogen werden. Die gelängte Kette schafft sich sonst über kurz oder lang den benötigten Platz zwischen den Zähnen der Ritzel bzw. Kettenblätter, indem sie diese immer weiter ausschleift. Eine neue Kette paßt dann nicht mehr zum veränderten Zahnabstand und würde über die Ritzel hinwegspringen. Neben der Kette müssen dann auch noch die Ritzel und unter Umständen sogar die Kettenblätter ersetzt werden.

Wie stark sich Ihre Kette gelängt hat, messen Sie am exaktesten mit einer Kettenlehre. Sie zeigt an, wenn die Gefahr besteht, daß die Ritzel bzw. Kettenblätter angegriffen werden. Sie können den Kettenverschleiß aber auch mit einem einfachen Zollstock messen: 24 Kettenglieder dürfen nicht länger als 31 Zentimeter sein. Läßt sich die Kette vorn mühelos soweit vom großen Kettenblatt abheben, daß der Zahn zu zwei Drittel oder ganz sichtbar wird, ist sie ebenfalls verschlissen und muß ersetzt werden.

Kette spannen

In Verbindung mit einer Nabenschaltung oder bei einem Fahrrad ohne Gangschaltung muß die Kette durch Verschieben des Hinterrades in den Ausfallenden gespannt werden. Lösen Sie dazu

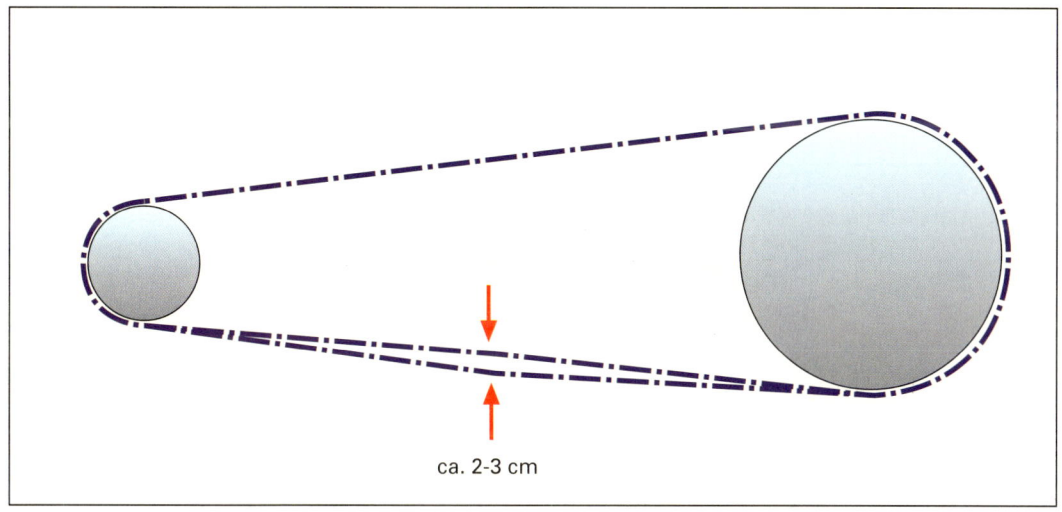

ca. 2-3 cm

Bei einem Rad ohne Gangschaltung bzw. mit Nabenschaltung spannen Sie die Kette durch Verschieben des Hinterrades in den Ausfallenden so, daß sie sich in der Mitte etwa zwei bis drei Zentimeter bewegen läßt

die Radmuttern der Hinterradachse, und stellen Sie durch entsprechendes vor- bzw. zurückschieben des Hinterrades die Spannung der Kette so ein, daß sie sich in der Mitte zwischen Tretlager und Hinterradachse etwa zwei bis drei Zentimeter bewegen läßt. Abschließend ziehen Sie die Radmuttern wieder fest an.

Bei Kettenschaltungen muß die Kette nicht gespannt werden. Hier übernimmt der federnd gelagerte Schaltkäfig des hinteren Schaltwerks die Aufgabe, die Kette immer richtig unter Zug zu halten.

Kette bei Nabenschaltungen wechseln
Bei Rädern mit Nabenschaltung oder auch ohne Schaltung ist die Kette mit einem Kettenschloß verbunden. Um die alte Kette zu entfernen, müssen Sie zuerst das Kettenschloß öffnen. Entfernen Sie dazu mit einer Spitzzange die U-förmige Sicherungslasche (siehe auch S. 37), nehmen Sie die Deckplatte ab, und ziehen Sie das Kettenschloß nach hinten heraus.

Die neue Kette können Sie ganz einfach aufziehen, indem Sie sie mit dem Kettenschloß an die alte hängen. Durch das Abziehen der alten Kette ziehen Sie automatisch die neue auf. So bleibt Ihnen unnötige Fummelei erspart. Anschließend

wird die neue Kette wieder von der alten getrennt und mit dem Kettenschloß verbunden. Das geht am einfachsten, wenn Sie die beiden Enden der Kette nebeneinander auf das Kettenblatt legen. So haben Sie beide Hände frei, das Kettenschloß von hinten durchzustecken. Legen Sie dann die Deckplatte auf, und achten Sie darauf, daß die geschlossene Seite der U-förmigen Sicherungslasche in Kettenlaufrichtung weist. Die Sicherungslasche wird mit der Spitzzange in die Nuten der Kettenbolzen gedrückt und muß dort einrasten. Abschließend muß die neue Kette noch gespannt werden (siehe S. 72).

Kette bei Kettenschaltungen wechseln
Bevor Sie die verschlissene Kette entfernen, prägen Sie sich genau ein, wie diese am hinteren Schaltwerk die Schaltungsrädchen umschlingt. Um die alte Kette zu öffnen, drücken Sie mit dem Kettennieter einen beliebigen Kettenbolzen heraus.

Wenn Sie die neue Kette aufgezogen haben, müssen Sie vor dem Vernieten noch deren exakte Länge bestimmen. Legen Sie dazu die Kette vorn auf das große Kettenblatt und hinten auf das große Ritzel. Die Kettenlänge ist dann korrekt, wenn der Käfig mit den beiden Schaltungsrädchen des hinteren Schaltwerks genau 45°

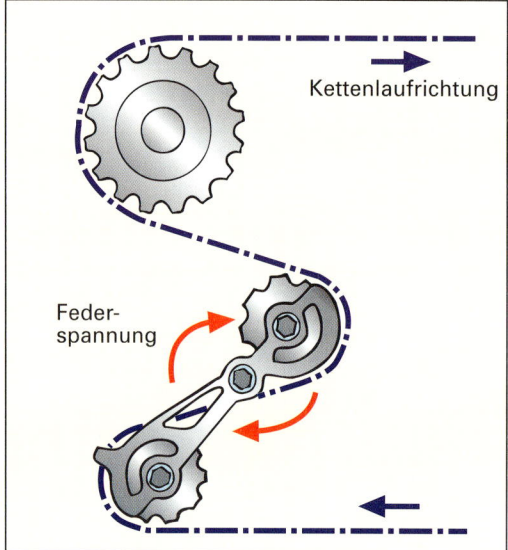

So verläuft die Kette bei einer Kettenschaltung am hinteren Schaltwerk. Durch den federnd gelagerten Käfig des Schaltwerks wird die Kette ständig unter Zug gehalten

Bei einem Rad mit Kettenschaltung ist die Kettenlänge dann korrekt, wenn diese auf dem großen Kettenblatt und dem größten Ritzel aufliegt und der Käfig des Schaltwerks dabei 45° nach vorne weist

nach vorne zeigt. Meist ist die Kette zu lang und Sie müssen mit dem Kettennieter die entsprechende Anzahl an Kettengliedern entfernen. Wird eine zu lange Kette montiert, reicht die Federkraft des Schaltwerks in den schnellen Gängen (kleine Ritzel) nicht aus, um sie optimal gespannt zu halten. Wird eine zu kurze Kette montiert,

besteht die Gefahr, daß das Schaltwerk abreißt, wenn Sie die Gang-Kombination »großes Blatt vorn – großes Ritzel hinten« einlegen.

Die Kette vernieten Sie, indem Sie ihre Enden zusammenhalten und den überstehenden Kettenbolzen mit dem Kettennieter hineindrücken. Achten Sie darauf, daß der Kettenbolzen nach dem Vernieten auf beiden Seiten gleich weit übersteht. Meist ist das betroffene Kettenglied nach dem Vernieten etwas steif. Es wird durch mehrmaliges Hin- und Herbiegen von Hand wieder beweglich gemacht.

Auf einer abschließenden Probefahrt stellen Sie fest, ob die neue Kette noch zu Ritzeln und Kettenblättern paßt. Wenn die neue Kette bei kräftigem Druck in die Pedale über bestimmte Ritzel (meist die kleineren) springt, dann müssen auch diese gewechselt werden (siehe S. 95).

Schadhafte Bowdenzüge überprüfen und instandsetzen

Ist die Außenhülle stark geknickt und/oder beschädigt, wechseln Sie den kompletten Bowdenzug, also Außenhülle und Seilzug, aus. Entfernen Sie zuerst den Seilzug. Stellen Sie dazu den Schalthebel einer Kettenschaltung so ein, daß die Kette vorn auf dem kleinen Blatt und hinten auf dem kleinsten Ritzel liegt. Schaltwerk und Umwerfer üben dann keinen Zug mehr auf die Schaltzüge aus. Bei Bremszügen sind keine Vorarbeiten erforderlich. Lösen Sie dann die Klemmschraube an Schaltung oder Bremse, und ziehen Sie den Seilnippel am anderen Ende aus dem Schalt- bzw. Bremshebel heraus. Prägen Sie sich genau ein, wie die Seilzüge eingehängt sind. Bei modernen Schalthebeln, aber auch bei Schaltwerk und Umwerfer ist der richtige Verlauf des Schaltzuges nicht immer leicht nachzuvollziehen, nachdem er erst einmal herausgezogen wurde.

Anschließend ziehen Sie die Außenhülle bzw. die einzelnen Teilstücke aus den Kabelstoppern am Rahmen (den Anlötteilen, an denen die Außenhülle abgestützt ist) und der Hebelei sowie an Schaltung bzw. Bremsen. Bei der Montage der neuen Außenhülle(n) müssen Sie auf eine saubere und knickfreie Verlegung achten. Außerdem dürfen die Teilstücke nicht zu lang sein. Vor allem zwischen dem letzten Kabelstopper und den Brems- bzw. Schalthebeln müssen die Außenhüllen richtig abgelängt sein, damit nicht zuviel Handkraft durch unnötig lange Bowdenzüge verlorengeht. Die Länge stimmt dann, wenn die Außenhüllen bei maximal eingeschlagenem Lenker gerade eben lang genug sind. Besonders sorgfältige Do-it-yourself-Mechaniker fetten den Nippel des Seilzuges vor dem Einsetzen in den Schalt- bzw. Bremshebel gut ein. Auch der Mehraufwand, das Seilzugende mit einem Lötkolben oder einer Lötpistole zu verzinnen, lohnt sich. So franst das Ende nicht aus und es kann – anders als mit den üblicherweise aufgepreßten Alukäppchen – nach wie vor durch die kleinen Bohrungen der Klemmschrauben gezogen werden.

Nach dem Auswechseln des Schaltzuges müssen Sie meist die Schaltung (siehe S. 53) bzw. bei einem Bremszugwechsel die Bremszugspannung (siehe S. 60) neu einstellen. Bevor Sie die Schaltung neu einstellen, klemmen Sie den Schaltzug an Schaltwerk bzw. Umwerfer fest und dehnen ihn durch mehrmaliges Ziehen mit einem Finger an einem freiliegenden Teilstück. Dadurch nehmen Sie die Dehnung des Schaltzuges vorweg und verhindern, daß Sie die Schaltung bereits nach kürzester Zeit nachstellen müssen.

Ist nur der Seilzug gerissen, die Außenhülle aber unbeschädigt und ohne Knicke, genügt es völlig, nur den Seilzug zu ersetzen.

Bremsgummis erneuern

Bremsgummis sind meist profiliert und sollten ausgetauscht werden, wenn dieses Profil verschwunden ist bzw. wenn die Bremsgummis etwa zur Hälfte abgenutzt sind. Auch wenn Ihre Felgenbremsen bei Nässe quietschen und eine schlechte Bremswirkung erzielen, kann es sich lohnen, andere Bremsgummis zu montieren. Nicht jedes Bremsgummi paßt optimal zu jeder beliebigen Felge. Ein guter Radhändler kann Ihnen sicherlich sagen, welche Bremsgummis mit Ihren Felgen eine optimale Reibpaarung ergeben. Neben den Bremsgummis der Bremsenhersteller gibt es auch Fremdhersteller, die hervorragende Bremsgummis anbieten. Hier lohnt es sich, etwas zu experimentieren.

Bremsgummis bei Seiten- und Mittelzugbremsen ersetzen

Entspannen Sie die Bremse mit dem kleinen Schnellspannhebel, oder lösen Sie die Klemmung des Bremsseils, damit sich die Bremse öffnet. Die alten Bremsgummis können Sie abnehmen, indem Sie die außen am Bremsarm liegende Mutter abschrauben. Anschließend ersetzen Sie diese durch neue Bremsgummis. Jetzt müssen Sie die neuen noch exakt auf die Felge ausrichten (Seite 61) und den Leerweg am Bremshebel wieder optimal einstellen (siehe S. 61).

Bremsgummis bei Cantileverbremsen austauschen

Öffnen Sie die Bremse, indem Sie das Querkabel aushängen. Anschließend lösen Sie die Klemmschraube am Bremsarm und ziehen den Befestigungsstift – er bildet eine Einheit mit dem Bremsgummi – aus der Querbohrung der Befestigungsschraube heraus. Anschließend werden die neuen Bremsgummis eingesetzt, auf die Felge ausgerichtet und der Leerweg am Bremshebel optimal eingestellt (siehe S. 63).

Wenn Sie die hinten liegende Klemmschraube am Bremsarm gelöst haben, können Sie den Befestigungsstift des Bremsgummis aus der Bohrung ziehen und dieses austauschen

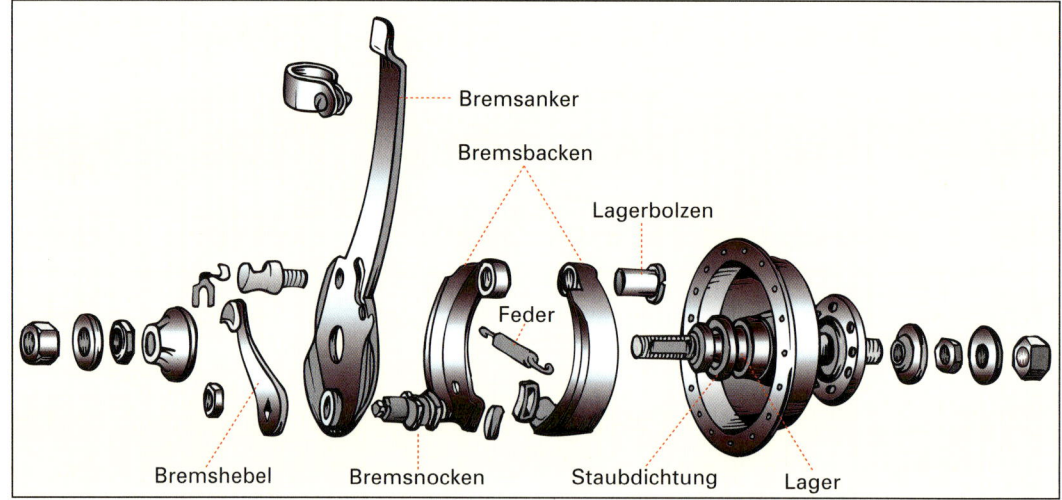

Bremsanker

Bremsbacken

Lagerbolzen

Feder

Bremshebel — Bremsnocken — Staubdichtung — Lager

Um die Bremsbacken einer Trommelbremse auf Verschleiß überprüfen und gegebenenfalls austauschen zu können, muß die Bremse zerlegt werden

Neue Bremsbacken für Trommelbremsen

Bei Trommelbremsen sind die Bremsbeläge auf zwei Alu-Backen aufgeklebt bzw. aufgenietet und im Inneren der Bremse verborgen. Um sie auf Verschleiß überprüfen und gegebenenfalls austauschen zu können, müssen Sie zuerst das Laufrad ausbauen (siehe S. 19) und die Trommelbremse öffnen. Dabei handelt es sich bei den meisten Trommelbremsen um eine Komplettdemontage. Um die Bremse zerlegen zu können, muß zuerst das Radlager zerlegt werden. Trommelbremsnaben sind mit Konuslagern versehen. Die Vorgehensweise ist also identisch mit der auf Seite 82 beschriebenen.

Lösen Sie zuerst die Kontermutter auf der Radachse, und schrauben Sie dann den Konus ab. Jetzt können Sie den »Deckel« der Trommelbremse samt Hebel und den innen daran befestigten Bremsbacken aus der Bremstrommel herausheben. Liegt die Stärke der auf die Aluminiumbacken aufgenieteten bzw. aufgeklebten Bremsbeläge unter drei Millimeter, sollten die Bremsbacken komplett ersetzt werden. Dazu müssen Sie die Feder, die beide Bremsbacken miteinander verbindet, aushängen. Anschließend lassen sich diese leicht herausnehmen und durch neue ersetzen.

Achten Sie sorgfältig darauf, die neuen Bremsbacken nicht mit Fett oder Öl zu verunreinigen. Jetzt, wo die Trommelbremsnabe komplett zerlegt ist, sollten Sie auch gleich noch die Lager reinigen und neu schmieren. Auch der Exzenter, der die Bremsbacken aufspreizt, wird mit etwas wasserfestem Fett geschmiert. Haben Sie die neuen Bremsbacken eingesetzt, hängen Sie die Feder wieder ein und setzen die komplette Einheit in die Nabe zurück. Abschließend müssen Sie nur noch das Konuslager montieren und einstellen (siehe S. 69) und den Leerweg am Bremshebel optimal justieren (siehe S. 65).

Reifen wechseln

Fahrradreifen erreichen je nach Einsatzgebiet und Fahrweise eine beachtliche Laufleistung. Ist kaum noch Profil vorhanden, müssen die Reifen schnellstmöglich ersetzt werden. Bei Regen kommen Sie sonst schnell ins Schleudern und auch die übertragbaren Bremskräfte sind mit abgefahrenen Pneus alles andere als optimal. Oft kommt es auch vor, daß Fahrradreifen gewechselt werden müssen, bevor sie abgefahren sind. Durch die UV-Strahlung werden sie brüchig, und scharfkantige Fremdkörper können ungehindert eindringen. Im schlimmsten Fall kann sich sogar die Lauffläche ablösen.

Bei Normalreifen ist die Vorgehensweise beim Reifenwechsel identisch mit der auf Seite 34 beschriebenen. Bei Rennrädern hängt die Vorgehensweise von der Art der montierten Reifen ab. Neben Normal- und Hochdruckreifen kommen bei Rennrädern teilweise Schlauchreifen zum Einsatz. Bei Schlauchreifen ist der Schlauch in die Karkasse, auf die wiederum die Reifenlauffläche aufvulkanisiert ist, eingenäht. Schlauch und Reifen bilden also eine Einheit und werden auf einer speziellen Felge mit Reifenkitt verklebt. Dabei muß sehr sorgfältig gearbeitet werden, und es ist nicht einfach zu beurteilen, ob der alte Reifenkitt weiter verwendet werden kann oder ob er ebenfalls ersetzt werden muß. Ein schlecht aufgekitteter Schlauchreifen kann sich, vor allem in schnell gefahrenen Kurven, von der Felge lösen. Deshalb sollten Sie diese Arbeit dem Profi überlassen.

Hat Sie Ihre Beleuchtung im Stich gelassen, prüfen Sie zu allererst die Birnen

Beleuchtung instandsetzen

Leider versagen Dynamo-Lichtanlagen mehr oder weniger regelmäßig ihren Dienst und gefährden dadurch den Radler. Was Sie tun können, um Ihre Lichtanlage zuverlässiger zu machen, wurde bereits auf Seite 30 beschrieben. Hier möchten wir Ihnen zeigen, was zu tun ist, wenn Ihre Lichtanlage Sie wieder mal im Dunkeln hat stehen lassen.

Birnen ersetzen
Hat Ihre Beleuchtung versagt, prüfen Sie zuerst die Birnen. Eine durchgebrannte Birne erkennen Sie leicht am schwarzen Glas und/oder an der gebrochenen Glühwendel im Innern der Birne. Tauschen Sie die Birne (Rechtsgewinde!) gegen eine neue gleicher Leistung und mit identischem Sockel aus. Geöffnet werden ältere Scheinwerfer bzw. Rücklichter meist durch Lösen einer kleinen Schraube, während neuere Modelle einfach aufgeklipst werden können.

Stromzufuhr überprüfen
Sollte danach immer noch kein Licht brennen, überprüfen Sie die Stromzufuhr zur Birne. Ursache für eine unterbrochene Stromzuführung kann ein gerissenes Kabel, eine schlechte Massever-

Checkliste: Beleuchtung überprüfen und instandsetzen		
	JA	NEIN
1. Sind die Birnen durchgebrannt?	🚲	🚲
2. Sind die Birnenfassungen korrodiert?	🚲	🚲
3. Sind Kabel beschädigt, abgerissen oder korrodiert?	🚲	🚲
4. Ist die Masseverbindung zwischen Scheinwerfer und Rahmen, Rücklicht und Rahmen, Dynamo und Rahmen in Ordnung?	🚲	🚲
5. Hat der Dynamo genügend Anpressdruck?	🚲	🚲
6. Ist das Profil des Reibrades am Dynamo verschlissen?	🚲	🚲

bindung (Übergang von Dynamo bzw. Lampe zum Rahmen) oder eine korrodierte Lampenfassung sein. Ist letzteres der Fall, reicht es aus, die Fassung der Birne sowie die Birne selbst mit einem kleinen Stück Schleifpapier von Rost zu befreien. Biegen Sie bei dieser Gelegenheit auch gleich die Kontaktzunge, die unten gegen das Birnchen drückt, etwas nach, um sicherzustellen, daß sie ordentlich gegen den Sockel der Birne drückt. Bei vielen Scheinwerfern und Rücklichtern muß das abisolierte Ende des stromführenden Kabels zwischen Birne und Schraubfassung eingeklemmt werden. Achten Sie beim Einschrauben der Birne darauf, daß das Kabel Kontakt hat und nicht versehentlich nach unten hinausgeschoben wird.

Um eine schlechte Masseverbindung zu entlarven, müssen Sie erst einmal alle Schraubverbindungen lösen. Anschließend befreien Sie diese von Rost, Staub und Fett und ziehen Sie sie wieder fest an. Am Dynamo befinden sich kleine angegossene Metallspitzen bzw. eine spezielle Masseschraube, die dafür sorgt(en), daß trotz der isolierenden Eigenschaft des Lacks eine metallisch leitende Verbindung zum Rahmen entsteht. Funktioniert die Lichtanlage nach der Montage eines neuen Dynamos nicht mehr, überprüfen Sie zuerst, ob die Metallspitzen bzw. die Masseschraube Kontakt mit dem Rahmen haben.

Die Masseverbindung vom Frontscheinwerfer zum Rahmen wird in der Regel durch die Schraube hergestellt, mit der dieser befestigt wird. Hier kommt es auf festen Sitz der Schraube und die daraus resultierende leitende Verbindung mit dem Rahmen an. Ein lackiertes Gewinde muß mit einer kleinen Feile blankgekratzt werden. Beim Rücklicht sorgt das Schutzblech für Massekontakt, wobei bei Kunststoffschutzblechen zu diesem Zweck eine Metallfolie eingearbeitet ist.

Häufigste Fehlerursache bei der Stromzufuhr aber ist ein gerissenes Kabel. Überprüfen Sie die Kabel auf festen Sitz am Dynamo bzw. an Scheinwerfer und Rücklicht und auf gerissene Stellen dazwischen. Um ein abgerissenes Kabel zu flicken, isolieren Sie beide Enden mit einem Messer vorsichtig etwa einen Zentimeter weit ab und verdrillen Sie diese miteinander. Ein Stück Isolierband hilft Kurzschlüsse bei Kontakt mit dem Rahmen zu vermeiden. Es kann auch vorkommen, daß die Enden der Kabel korrodiert sind. Ist das Kabel lang genug, kürzen Sie es und setzen Sie die Isolation ein Stück zurück. Ist das Kabel zu kurz, genügt es auch, das korrodierte Kabelende mit einem Messer vorsichtig blankzuschaben.

Schäden am Dynamo beheben

Komplettausfälle sind beim Dynamo relativ selten. Häufiger kommt es vor, daß bei auf der Reifenflanke laufenden Modellen das Reibrad nicht mehr richtig greift. Ist dies der Fall, überprüfen Sie das Reibrad auf Abrieb. Ist seine Profilierung verschlissen, muß es gewechselt werden. Leider ist dann aber nur allzu oft ein neuer Dynamo fällig, da viele Hersteller die Ersatzteilversorgung anscheinend als geschäftsschädigend betrachten.

Ist das Reibrad noch in Ordnung, überprüfen Sie den Dynamo auf korrekte Montage. Eventuell reicht der Anpreßdruck für einen sicheren Betrieb nicht mehr aus. Ein weiter in Richtung Reifen gedrehter Dynamo bringt hier Abhilfe. Falls die Reifenflanke völlig glatt ist, kann ein Reifen mit einer eigens für den Dynamobetrieb profilierten Flanke weiterhelfen.

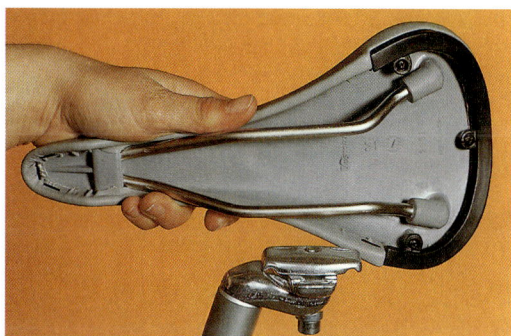

Um den Sattel bei einer Patentsattelstütze zu wechseln, lösen Sie die Innensechskantschraube in der Sattelstütze so weit, daß sich das obere Klemmteil querstellen läßt. Jetzt können Sie den Sattel problemlos abnehmen

Einen neuen Sattel anbringen

Ist der Sattel auf einer Sattelkerze montiert, müssen Sie, um den Sattel zu wechseln, die beiden seitlich sitzenden Muttern am Sattelkloben lösen. Sie können den Sattel nach Lösen dieser Muttern einfach nach oben abziehen. Der Sattelkloben verbleibt dabei am Sattel.

Bei einer Patentsattelstütze lösen Sie die von unten zugängliche Innensechskantschraube in der Sattelstütze. Lösen Sie die Innensechskantschraube so weit, daß sich das darüber liegende Klemmteil nach oben schieben und querstellen läßt. So kommt das Sattelgestell frei und der Sattel kann abgenommen werden.

Die Montage eines neuen Sattels verläuft exakt in umgekehrter Reihenfolge. Abschließend wird der Sattel wieder optimal nach den eigenen Bedürfnissen ausgerichtet (siehe S. 48).

Sattelstütze wechseln

Die Sattelstütze muß immer dann ausgetauscht werden, wenn Sie zu kurz ist oder wenn Sie von einer Sattelkerze auf eine Patentsattelstütze umrüsten möchten. Wenn Sie die Sattelstütze regelmäßig gefettet haben, läßt sie sich nach dem Öffnen des Schnellspanners bzw. der Klemmschraube mühelos herausziehen.

PRAXIS TIP

Sitzt die Sattelstütze extrem fest, kann es notwendig werden, den Sattel zu demontieren und die Sattelstütze mitsamt dem Fahrrad über Kopf in einen Schraubstock zu spannen. Wenn Sie nun den Rahmen fassen, haben Sie einen großen Hebelarm zur Verfügung um die festsitzende Sattelstütze durch Drehbewegungen zu lösen.

Sitzt sie fest, sollte sie mit Rostlöser eingesprüht werden. Lassen Sie diesen über Nacht einwirken. Anderntags wird sich die Sattelstütze durch kräftige Drehbewegungen am Sattel herausziehen lassen.

Bevor Sie eine neue Sattelstütze erwerben, messen Sie den Durchmesser der alten Sattelstütze genau mit einer Schieblehre. Der Durchmesser muß auf den Zehntel Millimeter genau stimmen. War die alte Sattelstütze festgefressen, lassen Sie das Sitzrohr Ihres Rahmens von Ihrem Radhändler mit einer Reibahle ausreiben. Andernfalls wird die neue Sattelstütze klemmen, sich schnell wieder festfressen und zudem meist zerkratzt.

Bremsgriffe, Schalthebel, Vorbau und Lenker austauschen

Griffgummis bzw. Lenkerband entfernen
Ganz gleich ob Sie nur die Bedienungselemente oder auch Lenker und Vorbau wechseln möchten, zuerst müssen Sie die Lenkergriffe demontieren (bei Mountainbike-, Trekking- und Normalradlenkern) bzw. das Lenkerband (bei Rennlenkern) abwickeln.

Bei festsitzenden Lenkergriffen ist die Versuchung groß, mit Sprühöl nachzuhelfen. Sollten Sie die Griffe wiederverwenden wollen, müssen Sie dieser Versuchung widerstehen, da die Griffe später nicht mehr fest sitzen würden. Besser ist es, wenn Sie einen Schraubendreher vorsichtig zwischen Griff und Lenker stecken und dann heißes Wasser dazwischen laufen lassen. Durch Drehbewegungen läßt sich der Griff dann abziehen. Zur Montage legen Sie die Griffgummis kurz in heißes Wasser und schieben sie dann auf den Lenker.

Bei einem Rennlenker wickeln Sie das Lenkerband einfach ab. Meist verbirgt sich das Ende des Lenkerbandes unter dem linken bzw. rechten Stöpsel im Lenkerende, teilweise aber auch unter der Gummimanschette der Bremsgriffe.

Bedienungselemente und Lenker demontieren

Haben Sie die Griffgummis bzw. das Lenkerband entfernt, lösen Sie die Klemmschrauben der Brems- und/oder Schalthebel (siehe S. 52) und hängen Sie die Bowdenzüge aus. Jetzt können Sie die Bedienungselemente vom Lenker abnehmen. Lösen Sie die Klemmschraube vorn am Vorbau, und Sie können den Lenker seitlich aus diesem herausziehen. Sollte sich der Lenker nach dem Lösen der Klemmschraube nicht bewegen lassen, spreizen Sie die Klemmung am Vorbau mit der Klinge eines Schraubendrehers auf.

Soll auch der Vorbau demontiert werden, klären Sie, ob es sich um einen klassischen Vorbau oder um einen Vorbau in Verbindung mit einem Ahead-Set-Steuersatz handelt (siehe S. 67/68). Die Vorgehensweise ist identisch mit der auf Seite 50/51 beschriebenen, um den Vorbau in der Höhe zu verstellen, nur daß dieser jetzt ganz vom Gabelschaftrohr ab- bzw. herausgezogen wird.

Montage von Vorbau, Lenker und Bedienungselementen

Bei der Montage eines neuen Lenkers müssen Sie sorgfältig darauf achten, daß keine Kratzer entstehen während Sie diesen durch die Klemmung am Vorbau schieben. Auch bei der Montage der Bremsgiffe können Kratzer entstehen. Sie vermeiden diese, indem Sie scharfe Kanten am Bremshebel vor dessen Montage mit einer Rundfeile glätten. Kratzer sind vor allem bei Leichtbaulenkern eine Sollbruchstelle und müssen vermieden werden.

Um einem Knacken im Vorbau/Lenker-Bereich vorzubeugen, bringen Sie etwas Fett zwischen Lenker und Vorbau-Klemmung, bevor Sie diese fest anziehen. Die Montage erfolgt in genau umgekehrter Reihenfolge wie bei der Demontage. Einstellhinweise für Lenker und die Bedienungselemente finden Sie auf Seite 51.

Läßt sich der Lenker nach dem Lösen der Klemmschraube am Vorbau nicht demontieren, spreizen Sie den Vorbau mit der breiten Klinge eines Schraubendrehers etwas auf

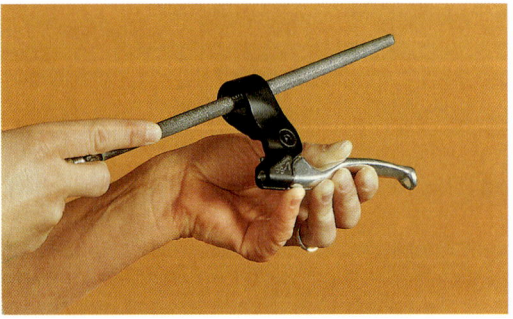

Vermeiden Sie Kratzer am Lenker, indem Sie scharfe Kanten an den Bremshebeln vor deren Montage mit einer Feile glätten. Kratzer am Lenker sind immer gefährliche Sollbruchstellen

Arbeiten der Meisterklasse:
Größere Wartungsarbeiten und Reparaturen

Hier möchten wir all denjenigen, die neben der Pflege und den verschiedenen Einstellungsarbeiten auch größere Reparaturen selbst durchführen möchten, die entsprechenden Vorgehensweisen sowie wertvolle Tips vermitteln. Teilweise benötigen Sie für diese Arbeiten weitere Spezialwerkzeuge, die Sie nachfolgend aufgelistet finden. Wenn Sie bereits erfolgreich Wartungs- und Einstellarbeiten durchgeführt haben, haben

Sie sich so ganz nebenbei auch schon die für größere Reparaturen notwendige Kenntnis der technischen Zusammenhänge erarbeitet.

Da selbst das modernste Fahrrad immer noch ein Musterbeispiel an über- und durchschaubarer Technik ist, verlieren die meisten anfangs kompliziert erscheinenden Reparaturarbeiten schnell ihren Schrecken.

Arbeiten an den Lagern

Neben der Wartung der Laufräder gehören Arbeiten an den Lagern zu den häufigsten Reparaturen am Fahrrad. Selbst in ein hochwertiges und gut abgedichtetes Konuslager dringen mit der Zeit Schmutz und Feuchtigkeit ein. Deshalb müssen Sie Konuslager regelmäßig zerlegen, reinigen und neu abschmieren. Wenn der Zeitpunkt für diese Arbeiten zu lange hinausgezögert wird, wird das Lager beschädigt. Es muß dann ganz oder teilweise ersetzt werden.

Wenn Sie das Lager zerlegen, legen Sie die Einzelteile auf einem Tuch in der Reihenfolge der Demontage mit der Innenseite nach oben ab. So erleichtern Sie sich die Montage.

Radlager überholen

Radlager demontieren und reinigen

Bauen Sie das Laufrad aus. Lösen Sie auf einer Seite der Nabe die Kontermutter mit einem Konusschlüssel. Halten Sie dabei mit einem zweiten Konusschlüssel den darunterliegenden Konus fest. Anschließend wird der Konus (er bildet die innere Lagerlauffläche) abgeschraubt. Entnehmen Sie vorsichtig, damit keine verlorengeht, die Kugeln, und ziehen Sie die Radachse auf der Gegenseite aus der Nabe heraus.

Reinigen Sie anschließend Kugeln und Laufflächen (Konus und in der Nabe sitzende Laufflächen) mit einem weichen Tuch vollständig von altem Fett und eingedrungenem Schmutz. Sind die Lagerflächen glatt und ohne sichtbare Riefen

---

Checkliste: Zusätzliches Werkzeug für größere Reparaturen und Wartungsarbeiten

Verfügen Sie über dieses Werkzeug?	JA	NEIN
▶ Zentrierständer, um Laufräder auf exakten Rundlauf kontrollieren und zentrieren zu können	🚲	🚲
▶ Kurbelabzieher, um Kurbeln, die mit einem Vierkant ausgestattet sind, von Innenlager-Achsen abzuziehen	🚲	🚲
▶ Zahnkranzabzieher: zur Ritzeldemontage am Hinterrad	🚲	🚲
▶ Zahnkranzschlüssel: zur Ritzeldemontage am Hinterrad	🚲	🚲

Für größere Reparaturen und Wartungsarbeiten benötigen Sie weiteres Spezialwerkzeug. Oben links: Kurbelabzieher; oben rechts: Zahnkranzschlüssel; unten: drei verschiedene Abzieher für das Ritzelpaket

Nachdem Sie die äußere Kontermutter entfernt haben, können Sie den Konus abschrauben und anschließend die Kugeln entnehmen. Legen Sie die Einzelteile in der Reihenfolge mit der Innenseite nach oben auf ein Tuch

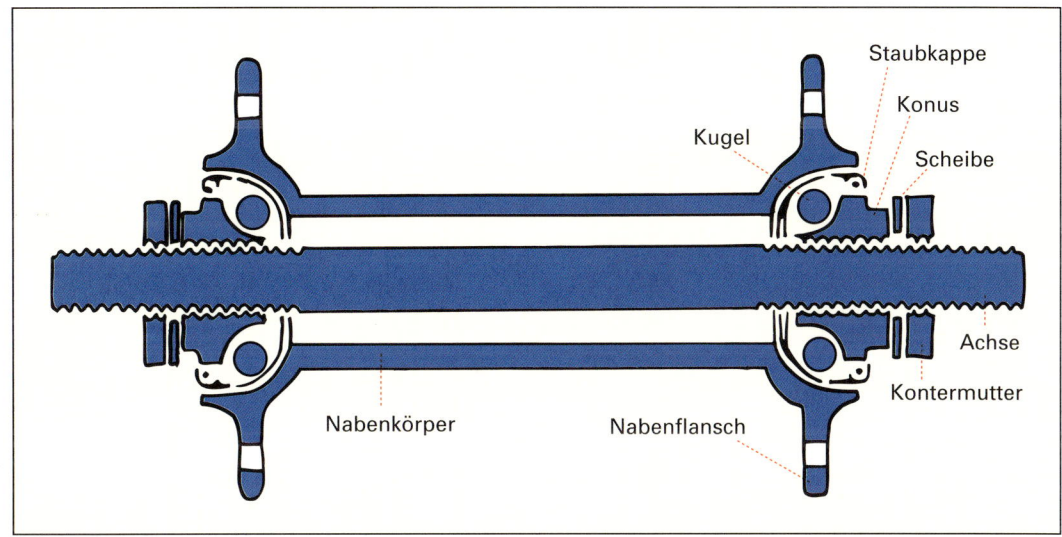

Staubkappe

Konus

Kugel

Scheibe

Achse

Kontermutter

Nabenkörper

Nabenflansch

Bei konusgelagerten Radnaben können Sie die Einstellung des Lagerspiels an beiden Seiten vornehmen

Die Radachse ziehen Sie mitsamt dem darauf verschraubten Lagerkonus aus der Radnabe heraus. Anschließend werden alle Teile gereinigt, bei Verschleiß ausgetauscht und neu gefettet wieder eingebaut

oder Vertiefungen, können Sie das Lager in genau umgekehrter Reihenfolge der Demontage wieder zusammenbauen. Ist nur die Lauffläche am Konus beschädigt, ersetzen Sie diesen durch einen neuen.

Sind auch die Lagerlaufflächen in der Nabe beschädigt, ist meist eine neue Nabe fällig. Bei hochwertigen Naben besteht teilweise die Möglichkeit, neue Lagerschalen einzupressen. Dies ist aber eine Arbeit für den Profi.

Radlager fetten und wieder montieren
Bevor Sie das Lager wieder montieren, streichen Sie die Laufflächen der Lager in der Nabe reichlich mit wasserfestem Fett ein. Anschließend drücken Sie die Kugeln in das »Fettbett« hinein. Bevor die Achse wieder in die Nabe eingesetzt wird, streichen Sie auch auf den auf der Radachse verbliebenen Konus etwas Fett.

Sitzt die Achse wieder an ihrem Platz in der Nabe, drücken Sie die Kugeln auf der Gegenseite ins Fett, und schrauben Sie den zweiten, ebenfalls gefetteten Konus auf. Die Einstellung des Lagerspiels ist identisch mit der auf Seite 66 beschriebenen Vorgehensweise.

Pedallager überholen

Laufen die Pedallager rauh oder sind sie stark verschmutzt, müssen sie überholt werden. Es lohnt sich nicht, in Billigpedale viel Zeit in Form von Einstell- oder Überholungsversuchen zu investieren. Sie fahren besser, wenn Sie sie gegen hochwertigere austauschen.

Pedale von den Kurbeln demontieren
Das linke Pedal ist mit einem Linksgewinde in der Kurbel verschraubt. Es wird durch Rechtsdrehung gelöst. Das rechte Pedal ist mit einem

Rechtsgewinde versehen und wird dementsprechend durch Linksdrehung gelöst. Verwenden Sie dazu einen flachen Gabelschlüssel mit 15 Millimeter Maulweite. Achten Sie beim Losdrehen der Pedale darauf, daß sich Ihre Finger nicht zwischen Kurbel und Pedal befinden. Löst sich die Schraubverbindung plötzlich, können Ihre Finger nicht eingeklemmt werden. Wurde das Pedalgewinde vor der letzten Montage einfetten, läßt es sich mühelos abschrauben.

Pedallager (Konuslager) überholen

Entfernen Sie zuerst die Staubschutzkappe an der Außenseite der Pedalachse. Diese können Sie entweder herunterhebeln oder abschrauben. Darunter kommt die Kontermutter zum Vorschein. Lösen Sie diese, und drehen Sie anschließend auch den Konus heraus. Jetzt können Sie die Kugeln entnehmen (bitte sorgfältig aufbewahren) und die Pedalachse zur Gegenseite herausziehen.

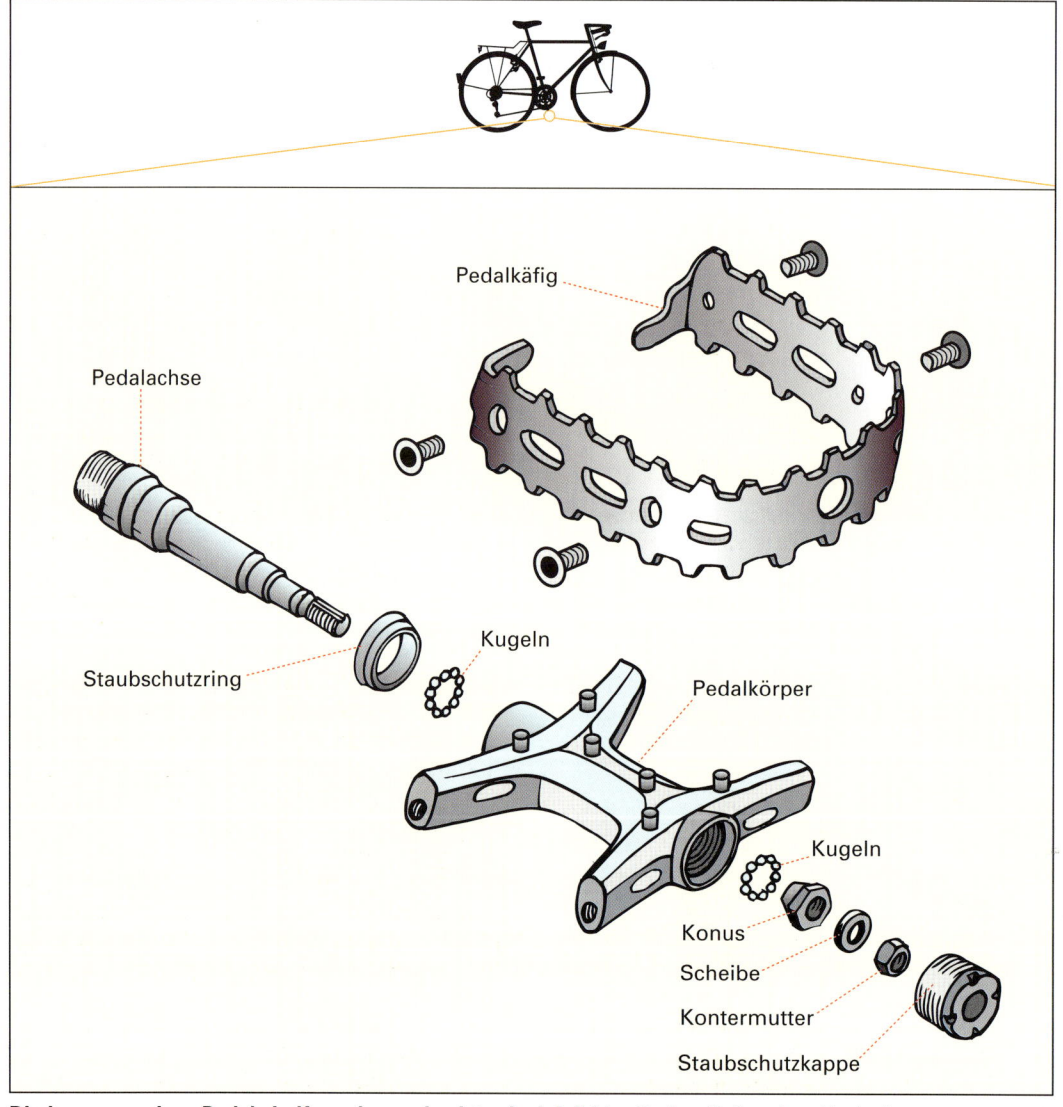

Pedalkäfig

Pedalachse

Kugeln

Pedalkörper

Staubschutzring

Kugeln

Konus

Scheibe

Kontermutter

Staubschutzkappe

Die Lagerung eines Pedals in Konusbauweise ist prinzipiell identisch mit der einer Radnabe

Um die Pedale überholen zu können, müssen Sie diese demontieren. Dies geschieht mit einem 15er Gabelschlüssel. Das rechte Pedal hat Rechtsgewinde, das linke Linksgewinde!

Nachdem Sie die Staubschutzkappe entfernt und die Kontermutter abgeschraubt haben, können Sie den Konus herausdrehen und die Kugeln entnehmen

Die Pedalachse läßt sich nun nach hinten aus dem Pedalkörper herausziehen. Anschließend werden alle Teile gereinigt, bei Verschleiß ausgetauscht und neu gefettet wieder eingebaut

Reinigen Sie die Lagerlaufflächen und Kugeln mit einem weichen Tuch, bevor Sie alle Teile neu abschmieren und wieder einmontieren. Die abschließenden Einstellarbeiten finden Sie auf Seite 70 beschrieben.

Sind die Laufflächen im Pedal oder am Konus beschädigt, erkundigen Sie sich, ob für Ihr Pedal Ersatzteile erhältlich sind. Meist hilft in diesem Fall aber nur ein neues Pedal weiter.

Steuersatz überholen

Der Steuersatz muß überholt bzw. ausgetauscht werden, wenn sich die Kugeln in die Laufbahn eingedrückt haben bzw. wenn er durch Schmutz und/oder mangelhafte Schmierung schwergängig geworden ist. Auch ein Steuersatz in technisch einwandfreiem Zustand muß regelmäßig zerlegt, gereinigt und neu abgeschmiert werden.

Die Vorgehensweise beim Überholen des Steuersatzes ist bei einem klassischen Steuersatz dieselbe wie bei der Ahead-Set-Ausführung.

Gabel und Steuersatz ausbauen und reinigen
Demontieren Sie zuerst den Vorbau (siehe S. 50). Der Lenker kann im Vorbau verbleiben. Fixieren Sie die Lenker/Vorbau-Einheit mit einem Kabelbinder oder einem Gurt seitlich am Rahmen. So werden Sie bei der Arbeit nicht behindert. Den Bremszug für die vordere Bremse müssen Sie aushängen, da sonst die Gabel nicht demontiert werden kann.

Jetzt drehen Sie bei einem klassischen Steuersatz die obere Mutter (= Kontermutter) herunter. Anschließend können Sie die darunterliegende Einstellmutter (= obere Lagerschale) ebenfalls herunterdrehen. Die Gabel kommt jetzt frei, und Sie sollten sie unten abstützen, damit sie nicht aus dem Steuerrohr herausfällt. Bei der Ahead-Set-Ausführung des Steuersatzes müssen Sie die Gabel bereits nach der Demontage des Vorbaus abstützen und können dann die obere Lagerschale einfach nach oben abziehen.

Haben Sie die obere Lagerschale demontiert, läßt sich die Gabel leicht nach unten aus dem Steuerrohr herausziehen. Sollten die Kugeln des Lagers nicht in einem Käfig fixiert sein, achten

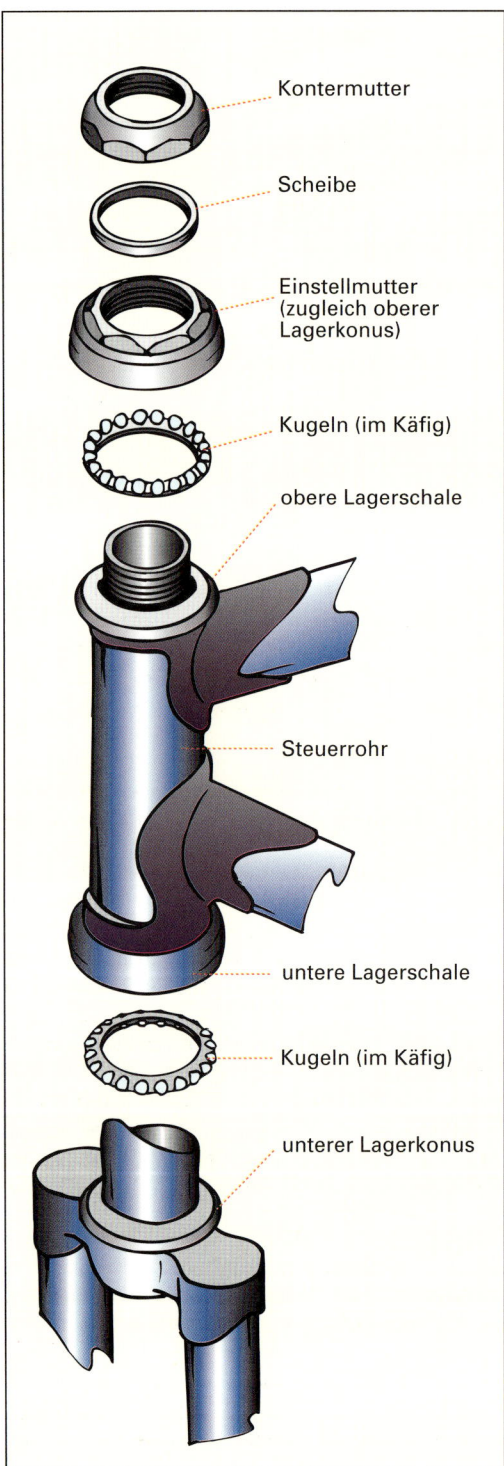

Kontermutter

Scheibe

Einstellmutter
(zugleich oberer
Lagerkonus)

Kugeln (im Käfig)

obere Lagerschale

Steuerrohr

untere Lagerschale

Kugeln (im Käfig)

unterer Lagerkonus

Sie darauf, keine zu verlieren. Reinigen Sie Lauf-flächen und Kugeln mit einem Tuch von Schmutz und Fett. Sind Kugeln oder Laufflächen beschädigt (eckig gewordene Kugeln, Riefen oder Vertiefungen in den Laufbahnen), müssen die betroffenen Teile ausgetauscht werden. Wenn Sie Glück haben, ist bei Ihrem Rad ein Steuersatz montiert, bei dem die Laufflächen genau wie die im Käfig fixierten Kugeln (bzw. Rollen) einfach herausgenommen werden können. Besorgen Sie sich in diesem – leider seltenen – Fall die entsprechenden Ersatzteile.

Alte Lagerschalen austreiben
Bei den meisten Steuersätzen sind die Laufflächen in die Lagerschalen integriert. Diese Lagerschalen sind wiederum ins Steuerrohr eingepreßt. Um die beiden oben und unten im Steuerrohr sitzenden Lagerschalen austauschen zu können, müssen sie »ausgetrieben« werden. Für diese Arbeit sollten Sie einen Schraubendreher verwenden, dessen Klinge möglichst breit ist und durch den Griff bis nach hinten reicht. So klopfen Sie mit dem Hammer direkt auf die Klinge und der Griff kann nicht zerbrechen.

Beim Austreiben der Lagerschalen ist es äußerst wichtig, daß Sie immer rundherum klopfend arbeiten, damit sich die Lagerschalen nicht im Steuerrohr verkanten und dieses dadurch beschädigen.

Abschließend muß noch der auf dem Gabelschaftrohr sitzende untere Lagerkonus demontiert werden. Er wird ebenfalls mit dem Hammer und dem Schraubendreher vom Gabelschaftrohr heruntergetrieben. Stellen Sie die Gabel dazu auf den Kopf, und legen Sie ein Stück Holz darunter. Mit gefühlvollen, nicht zu zaghaften Schlägen treiben Sie den Lagerkonus dann rundherum arbeitend herunter. So vermeiden Sie, daß dieser verkantet.

Neue Lagerschalen montieren
Bei der Montage der neuen Lagerschalen müssen Sie darauf achten, diese nicht schräg ins

Die obere und untere Lagerschale eines Steuersatzes sind im Steuerrohr eingepreßt. Der untere Lagerkonus sitzt ebenfalls fest auf dem Gabelschaftrohr

Nachdem Sie die Kontermutter heruntergedreht haben, können Sie die darunter liegende Einstellmutter ebenfalls entfernen und die Gabel nach unten aus dem Steuerrohr ziehen

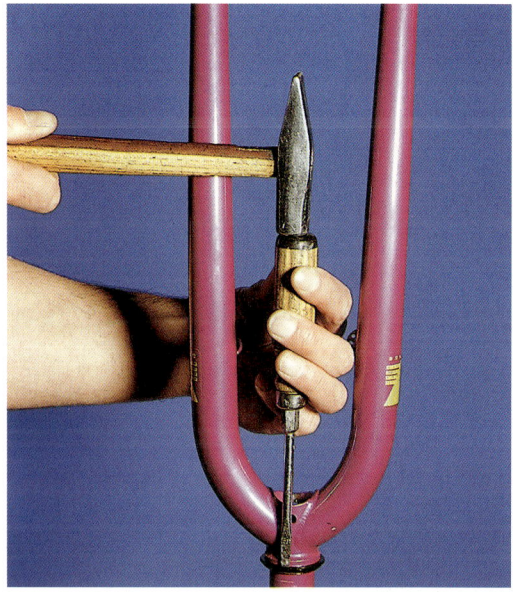

Ebenfalls mit Hammer und Schraubendreher demontieren Sie den sitzenden unteren Lagerkonus. Treiben Sie ihn rundherum arbeitend herunter, um ein Verkanten zu vermeiden

Mit einem Hammer und einem Schraubendreher schlagen Sie die obere und untere Lagerschale gleichmäßig rundherum hämmernd aus dem Steuerrohr heraus

Steuerrohr einzusetzen. Dadurch würde dieses aufgeweitet und die Lagerschalen finden keinen ordentlichen Halt mehr. Um die Lagerschalen absolut parallel zum Steuerrohr einzupressen, gibt es ein Spezialwerkzeug. Dabei werden die obere und untere Lagerschale gleichzeitig und genau parallel zueinander eingepreßt. Für den Do-it-yourself-Mechaniker ist dieses Werkzeug aber zu teuer. Die Lagerschalen lassen sich auch mit einem Hammer und einem zwischengelegten Stück Hartholz einschlagen. Arbeiten Sie dabei vorsichtig und mit sanften Schlägen immer rundherum. Kontrollieren Sie immer wieder, ob die Lagerschale zu verkanten droht. Sitzt sie leicht schräg, können Sie sie durch sanfte Schläge auf der Gegenseite wieder ins Lot bringen. Sitzt die Lagerschale erst einmal zur Hälfte im Steuerrohr, können Sie mit kräftigeren Schlägen fortfahren. Sie hat jetzt genügend Führung und wird nicht mehr so leicht verkanten.

Um den unteren Lagerkonus auf das Gabelschaftrohr zu treiben, verwenden Sie am besten ein Rohrstück, das sich über das Gabelschaftrohr schieben läßt. Es sollte genau auf dem inneren

Mit einem zwischengelegten Stück Holz und einem Hammer schlagen Sie die neuen Lagerschalen ins Steuerrohr. Achten Sie darauf, die Lagerschalen nicht zu verkanten

Mit einem speziellen Werkzeug (siehe Abbildung) oder mit einem passenden Rohrstück und einem Hammer treiben Sie den unteren Lagerkonus auf seinen Sitz auf dem Gabelschaftrohr

Rand des Konus sitzen. Dadurch vermeiden Sie eine Beschädigung der Lauffläche. Treiben Sie den Konus mit gefühlvollen Hammerschlägen auf das Rohrende in seine endgültige Position, und achten Sie darauf, ihn nicht zu verkanten.

Die Lagerschalen wie auch der Konus auf dem Gabelschaftrohr müssen vollständig und ohne Spalt auf dem Steuerrohr bzw. auf dem Gabelschaftrohr sitzen. Andernfalls besteht die Gefahr, daß sie sich nachträglich setzen und der Steuersatz ständig nachgestellt werden muß.

Um diese aufwendige Art der Steuersatzüberholung in Zukunft einfacher zu gestalten, empfiehlt es sich, gleich einen Steuersatz mit auswechselbaren Laufflächen zu montieren.

Endmontage Steuersatz
Nachdem Sie die Lagerflächen und Kugeln großzügig mit wasserfestem Fett versorgt haben, können Sie den Steuersatz in umgekehrter Reihenfolge der Demontage wieder montieren. Die Einstellung des Steuersatzes finden Sie auf Seite 50 beschrieben.

Kurbeln demontieren

Um ein Innenlager zu überholen (wenn es sich um ein Konuslager handelt) bzw. zu ersetzen (wenn es sich um ein Patronenlager handelt), müssen die Kurbeln von der Innenlagerachse demontiert werden. Es gibt zwei Arten der Kurbelbefestigung: die so gut wie nicht mehr anzutreffende Keilbefestigung und die technisch wesentlich bessere Vierkantbefestigung.

Keilkurbeln demontieren
Bei der Keilversion werden die Kurbeln mittels eines Keils auf der Innenlagerachse gehalten. Um die Kurbeln zu demontieren, entfernen Sie zuerst die kleine Mutter samt Unterlegscheibe am Ende des Keils und treiben diesen dann von der Gewindeseite aus mit einem Hammer heraus. Stützen Sie die Kurbel dabei mit einem Kantholz ab. Auch zwischen Keil und Hammer hat ein Stück Hartholz seine Berechtigung, denn schließlich wollen Sie nur den Keil heraustreiben und nicht das Gewinde ruinieren. Läßt sich der Keil nicht austreiben, sprühen Sie ihn mit Rostlöser ein, und versuchen Sie es am nächsten Tag

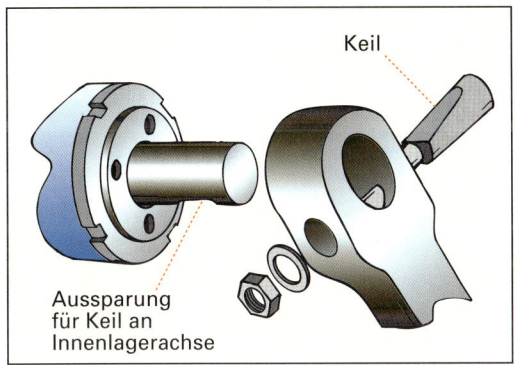

Bei Innenlagern mit Keil-Achse werden die Kurbeln mittels einem Klemmkeil an ihrem Platz gehalten. Um die Kurbeln zu demontieren, lösen Sie die Mutter und schlagen den Keil heraus

Die Rückseite des Kurbelabziehers ist als Stecknuß ausgebildet. Damit können Sie in Verbindung mit einem Gabelschlüssel die Kurbelbefestigungsschraube herausdrehen

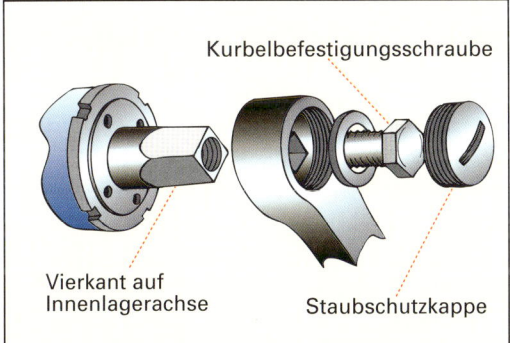

Bei Innenlagern mit Vierkant-Achse wird die Kurbel mittels der Kurbelbefestigungsschraube auf den konisch ausgebildeten Vierkant gezogen. Zur Kurbeldemontage ist ein Kurbelabzieher erforderlich

Den Kurbelabzieher schrauben Sie anschließend in das Innengewinde der abzuziehenden Kurbel ein. Er muß vollständig eingeschraubt sein, damit das Gewinde in der Kurbel nicht beschädigt werden kann

erneut. Hilft auch das nicht weiter, erwärmen Sie die Kurbel vorsichtig mit der Lötflamme und treiben Sie den Keil aus, solange alles noch heiß ist. Ist der Keil entfernt, läßt sich die Kurbel zur Seite hin abziehen.

Vierkantkurbeln demontieren

Bei Kurbeln mit Vierkantbefestigung geht die Demontage elegant und ohne derbe Hammerschläge vonstatten. Dafür brauchen Sie ein Spezialwerkzeug, einen sogenannten Kurbelabzieher. Nachdem Sie die Staubschutzkappe aus der Kurbel herausgehebelt bzw. geschraubt haben, wird darunter die Kurbelbefestigungsschraube sicht-

bar (teilweise handelt es sich auch um eine Mutter). Wenn Sie die Kurbel mit einer Hand festhalten, können Sie mit der Rückseite des Kurbelabziehers und einem passenden Gabelschlüssel die Kurbelbefestigungsschraube herausdrehen.

Bevor der Kurbelabzieher leicht gefettet völlig in das Gewinde der Kurbel eingeschraubt wird, müssen eventuell vorhandene Unterlegscheiben unbedingt herausgenommen werden. Die Kurbel ziehen Sie vom konisch ausgebildeten Vierkant ab, indem Sie mit einem Gabelschlüssel das mit der Kurbel verschraubte Teil des Abziehers festhalten und mit einem zweiten Gabelschlüssel

Die Kurbel ziehen Sie ab, indem Sie mit einem Gabelschlüssel das in der Kurbel verschraubte äußere Teil des Abziehers festhalten und mit einem zweiten Gabelschlüssel den inneren Dorn hineindrehen

den gegen die Innenlagerachse drückenden Dorn des Kurbelabziehers hineindrehen. Drehen Sie diesen Dorn so weit hinein, bis sich die Kurbel vom Vierkant löst.

PRAXIS TIP

Wer Kurbelabzieher samt den Gabelschlüsseln aus der Werkzeugtasche verbannen möchte, kann seine Kurbeln auch umrüsten. Es gibt spezielle Kurbeleinsätze, die es erlauben, die Kurbeln mit einem Innensechskantschlüssel zu montieren und demontieren.

Nach der Montage sollten die Kurbelschrauben nach einer Fahrtstrecke von etwa 500 Kilometern nachgezogen werden. Ansonsten sitzen Kurbeln mit Vierkantbefestigung fest und zuverlässig und neigen nicht dazu, sich ständig zu lockern, wie das bei Keilkurbeln vorkommt.

Leider paßt nicht jede Kurbel zu jedem Vierkant. Die Konstrukteure haben eine einheitliche Norm für den Vierkant bislang nicht verwirklicht. Beim Ersatzteilkauf müssen Sie also darauf achten, daß die Kurbeln und die Innenlagerachse zusammenpassen.

Innenlager überholen oder austauschen

Patronenlager wechseln

Sie erkennen ein Patronenlager daran, daß es auf beiden Seiten ohne Konterung ins Tretlagergehäuse eingeschraubt ist. Ein in sich gekapseltes Patronenlager kann nur ausgetauscht werden, wenn es Spiel aufweist oder schwergängig geworden ist. Meist ist dazu ein Spezialschlüssel notwendig, dessen Anschaffung sich kaum lohnt, den Sie aber eventuell in der nächsten Radwerkstatt ausleihen können. Zur Not können Sie sich auch mit einer Wasserpumpenzange oder mit Hammer und Schraubendreher behelfen.

Drehen Sie, nachdem Sie die Kurbeln demontiert haben, zuerst die den Kettenblättern gegenüberliegende Seite des Lagers heraus. Dieses Teil hat

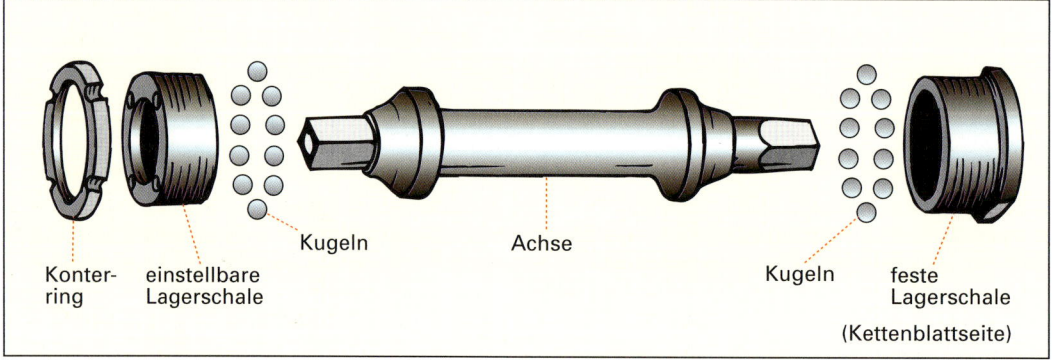

Konterring   einstellbare Lagerschale   Kugeln   Achse   Kugeln   feste Lagerschale (Kettenblattseite)

Bei einem Innenlager in Konusbauweise wird die rechte Lagerschale fest im Rahmen verschraubt. Auf der linken Seite befindet sich die einstellbare Lagerschale mit dem Konterring

die Aufgabe, das Patronenlager mittig im Tretlagergehäuse zu fixieren. Anschließend schrauben Sie das komplette Patronenlager von der Kettenblattseite her heraus. Achten Sie beim Neukauf des Innenlagers auf die richtige Achslänge und darauf, daß der Vierkant zu den Kurbeln paßt. Ansonsten wird das neue Lager einfach ins Tretlagergehäuse eingeschraubt und von der Gegenseite fixiert. Einstellungsarbeiten sind nicht notwendig.

Konus-Innenlager überholen
Demontieren Sie die Kurbeln, und lösen Sie mit dem Hakenschlüssel den Konterring auf der linken Seite des Tretlagergehäuses. Drehen Sie den Konterring ganz herunter. Dann drehen Sie die

Lagerschale mit einem Stirnlochschlüssel heraus. Jetzt können Sie die Kugeln entnehmen, die Innenlagerachse herausziehen und die Lagerschale auf der Kettenblattseite demontieren.

Reinigen Sie das Lager und untersuchen Sie es auf schadhafte Teile (abgenutzte oder gar eckig gewordene Kugeln, Riefen oder Vertiefungen in den Laufflächen). Verschlissene Teile ersetzen Sie durch neue. Bei hochwertigen Innenlagern ist es kein Problem, Ersatzteile zu bekommen. Im Low-Budget-Bereich bieten Patronenlager meist ein besseres Preis-Leistungs-Verhältnis, und es lohnt sich, auf diese wartungsfreien Innenlager umzusteigen. Im Hochwertbereich sind Konuslager nach wie vor erste Wahl.

Um das Innenlager demontieren zu können, müssen Sie zuerst den äußeren Konterring mit einem Hakenschlüssel lösen und diesen dann vollständig herunterdrehen

Bei der Demontage der linken Lagerschale verbleiben die Kugeln meist im Fettbett. Damit nichts verlorengeht kontrollieren Sie vor der Demontage der Achse, ob dort keine Kugeln mehr haften

Anschließend drehen Sie die linke Lagerschale mit einem Stirnlochschlüssel heraus. Dabei handelt es sich, ganz gleich, was für ein Innenlager montiert ist, um ein Rechtsgewinde

Nachdem Sie die Innenlagerachse herausgezogen haben, können Sie die Lagerschale auf der Kettenblattseite demontieren. Reinigen Sie alle Teile und kontrollieren sie auf Verschleiß

Wurde das Tretlagergehäuse noch nie plan gefräst – daran zu erkennen, daß sich Lack auf den Stirnseiten befindet –, sollten Sie das bei dieser Gelegenheit nachholen. Andernfalls laufen Sie Gefahr, daß das neue Innenlager nicht sauber läuft und/oder sich der Konterring ständig löst. Da das dafür notwendige Fräswerkzeug teuer ist, lassen Sie diese Arbeit am besten in einer Fahrradwerkstatt durchführen.

Die Montage des Innenlagers erfolgt genau in umgekehrter Reihenfolge der Demontage. Fetten Sie alle Teile mit wasserfestem Fett, und stellen Sie das Innenlager wie bereits beschrieben ein.

Rillenkugellager ersetzen

Bei wartungsfreien Rillenkugellagern in Naben, Pedalen oder Innenlagern kann das Lagerspiel nicht eingestellt werden. Wenn die Lagerung Spiel aufweist, oder das Lager rauh oder gar knir-

schend läuft, muß es ersetzt werden. Das Auswechseln von Rillenkugellagern erfordert etwas Improvisationstalent. Es ist aber kein aufwendiges Spezialwerkzeug notwendig. Bei der Vielfalt an technischen Lösungen ist es unmöglich, hier alle Einzelschritte genau zu beschreiben. Deshalb geben wir Ihnen hier einige grundsätzliche Informationen. Wichtigste Regel: Das Bauteil studieren und seine Funktionsweise ergründen.

Haben Sie die Nabe bzw. das Pedal so weit zerlegt, daß die Lager frei zugänglich sind (das heißt, die Achse ist demontiert), können Sie die Rillenkugellager mit Hammer und Schraubendreher durch Schläge auf den Innenring austreiben. Stützen Sie das Pedal bzw. die Nabe immer gegen ein Stück Holz ab, um Schäden am Pedal- oder Nabenkörper zu vermeiden. Arbeiten Sie mit gleichmäßigen Schlägen rundherum, um das Verkanten des Lagers zu vermeiden. Neue Lager erhalten Sie nicht nur bei Ihrem Radhändler, sondern meist problemloser in einem Fachgeschäft für Kugellager. Fast alle Rillenkugellager sind in

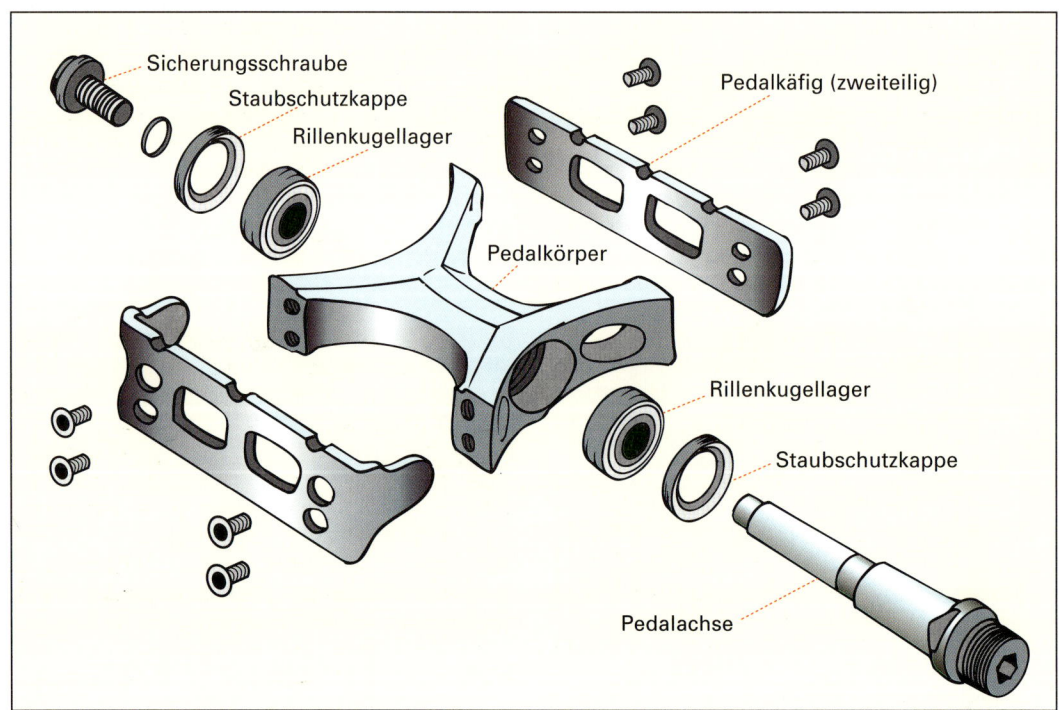

Diese Explosionszeichnung zeigt ein Pedal, das mit eingepreßten, wartungsfreien Rillenkugellagern hergestellt wird

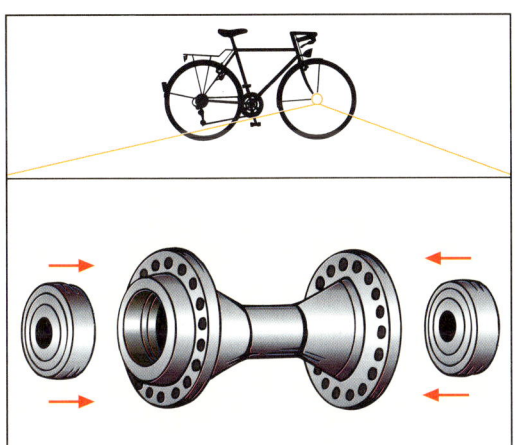

Abbildung einer mit Rillenkugellagern ausgestatteten Vorderradnabe. Nach Demontage der Radachse können diese mit einem Hammer und Schraubendreher gleichmäßig rundherum hämmernd ausgetrieben werden

ihren Abmessungen weltweit genormt. Nehmen Sie das alte Lager zum Ersatzteilkauf mit. So gehen Sie sicher, die richtigen Abmessungen zu erhalten.

Beim Montieren der neuen Lager dürfen Sie auf keinen Fall auf den inneren Lagerring schlagen. Dadurch wird das Lager zerstört. Am besten verwenden Sie ein Stück Rohr, das exakt den gleichen Durchmesser hat wie der Lageraußenring. Die Lager dürfen beim Einbau auf keinen Fall verkantet werden (gleichmäßig rundherum hämmern) und müssen völlig auf dem Grund im Naben- oder Pedalkörper sitzen.

Arbeiten am Antrieb

Auch bei bester Pflege der Kette sind Kettenblätter und Ritzel irgendwann verschlissen und müssen ersetzt werden. Vielleicht wünschen Sie sich auch eine andere Übersetzung und müssen deshalb andere Ritzel und/oder Kettenblätter anbauen. Aber auch Schaltwerk und Umwerfer einer Kettenschaltung halten nicht ewig. Nachfolgend werden wir Ihnen zeigen, wie Sie diese Bauteile schnell und sicher demontieren und anschließend wieder anbauen können.

Umwerfer ersetzen

Um den Umwerfer zu demontieren, schalten Sie zuerst auf das kleine Kettenblatt. Danach lösen Sie die Klemmschraube des Schaltzugs und hängen diesen aus. Nachdem Sie die kleine Schraube am Ende des Kettenleitblechs herausgeschraubt haben, können Sie dieses öffnen und die Kette herausnehmen. Jetzt brauchen Sie nur noch die Klemmschraube, die den Umwerfer über die integrierte Schelle mit dem Sitzrohr verbindet, herauszuschrauben, die Schelle aufzuklappen und schon halten Sie den Umwerfer in der Hand. Nach der Montage muß der Umwerfer wieder in Relation zu den Kettenblättern ausgerichtet und eingestellt werden.

Schaltwerk erneuern

Schalten Sie zuerst auf das kleinste Ritzel und lösen Sie anschließend die Klemmschraube des Schaltzugs, um diesen auszuhängen. Um das Schaltwerk zu demontieren, müssen Sie die Kette nicht öffnen. Es genügt, die beiden Schrauben im Zentrum der Schaltungsrädchen herauszudrehen und die hintere Hälfte des Schaltkäfigs mitsamt den Schaltungsrädchen abzunehmen. Dadurch kommt die Kette frei und das Schaltwerk kann, nachdem Sie die Befestigungsschraube herausgedreht haben, leicht abgenommen werden.

Nach der Montage des neuen Schaltwerks müssen Sie die Schaltung neu einstellen.

Das Schaltwerk ist mittels einer Innensechskant-schraube mit dem Ausfallende verschraubt

Kettenblätter austauschen

Die Kettenblätter am rechten Kurbelarm lassen sich einfach demontieren. Bei zwei Kettenblättern muß die Kurbel in der Regel nicht abgezogen werden. Es reicht aus, die Kette mit der Hand nach innen auf das Tretlagergehäuse zu legen und dann die Innensechskantschrauben, die die Kettenblätter mit dem Kurbelstern verbinden, herauszudrehen (großes Blatt von außen/kleines Blatt von innen). Danach können die Kettenblätter nach vorne über die Kurbel gezogen und abgenommen werden.

Bei Kurbeln mit drei Kettenblättern läßt sich das kleinste Kettenblatt nicht über den Kurbelstern ziehen. Um es abnehmen zu können, muß die Kurbel demontiert werden (siehe S. 88).

Da der Lochkreisdurchmesser der Kettenblätter von Hersteller zu Hersteller verschieden ist, müssen Sie beim Ersatzteilkauf neben der Zähnezahl auch auf den richtigen Lochkreisdurchmesser für die Befestigungsschrauben achten. Bei der Montage des großen Kettenblatts müssen Sie den

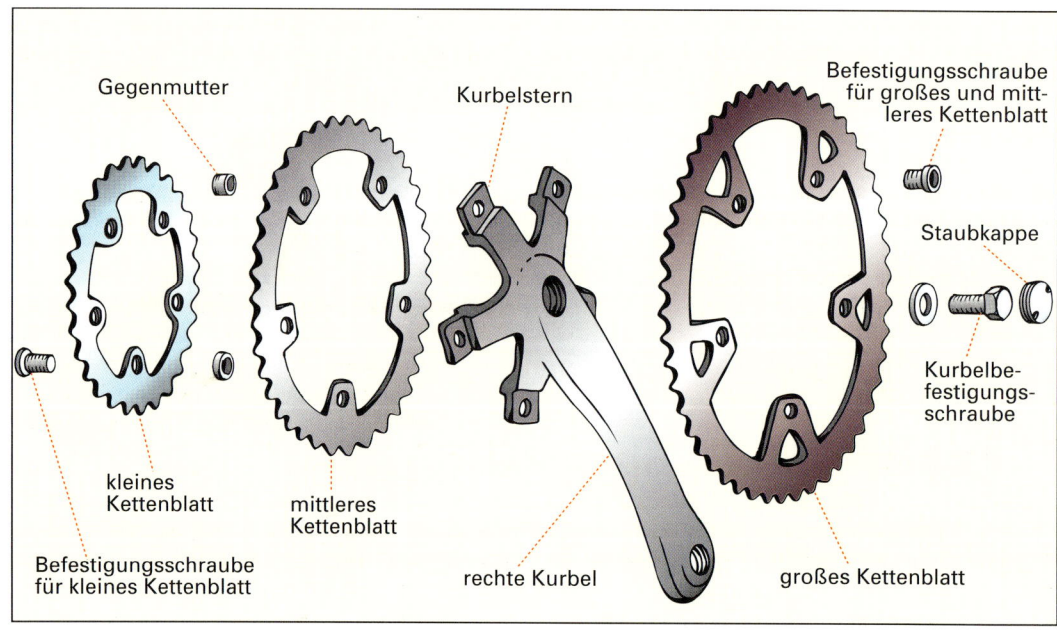

Gegenmutter Kurbelstern Befestigungsschraube für großes und mittleres Kettenblatt

Staubkappe

Kurbelbe-festigungs-schraube

kleines Kettenblatt mittleres Kettenblatt großes Kettenblatt

Befestigungsschraube für kleines Kettenblatt rechte Kurbel

Die Kettenblätter sind meist mit jeweils fünf Befestigungsschrauben mit dem Stern der rechten Kurbel verschraubt. Um die Kettenblätter einer Dreifach-Garnitur demontieren zu können, müssen Sie zuerst die Kurbel von der Innenlagerachse abziehen

Um nur das große und/oder mittlere Kettenblatt zu demontieren, muß die Kurbel auch bei einer Dreifach-Garnitur nicht abgezogen werden. Es genügt, wenn Sie die fünf Befestigungsschrauben entfernen

Um das Ritzelpaket einer Schraubkranznabe zu demontieren, benötigen Sie einen Abzieher und Gabelschlüssel. Damit können Sie, während Sie das Laufrad festhalten, das Ritzelpaket im Gegenuhrzeigersinn abschrauben

kleinen Alustift so positionieren, daß er hinter der Kurbel zu liegen kommt. Er verhindert, daß sich eine abgesprungene Kette zwischen Kettenblatt und Kurbel verkeilen kann.

Ritzel wechseln

Wenn Sie das Ritzelpaket an der hinteren Nabe wechseln möchten, müssen Sie zuerst einmal das Laufrad ausbauen und herausfinden, ob es sich um eine Nabe mit Schraubkranz oder um ein Kassettensystem handelt. Bei Schraubkranznaben wird das Ritzelpaket als komplette Einheit auf einem großen Gewinde auf der Nabe aufgeschraubt, während es beim Kassettensystem nur aufgesteckt wird. Gesichert wird das Ritzelpaket beim Kassettensystem entweder durch das kleinste Ritzel, das aufgeschraubt wird (ältere Versionen), oder durch einen Sicherungsring (neuere Versionen). Auf jeden Fall brauchen Sie Spezialwerkzeug.

Schraubkranz demontieren
Um das Ritzelpaket einer Schraubkranznabe demontieren zu können, brauchen Sie einen Abzieher. Dies ist ein Werkzeug, das genau in die Aussparungen im Zentrum des Ritzelpakets paßt. Das Ritzelpaket wird abgeschraubt, indem Sie das Laufrad festhalten und mit der rechten Hand und einem Gabelschlüssel den Abzieher im Gegenuhrzeigersinn (Rechtsgewinde) drehen. Dies kann recht schwer gehen, da das Ritzelpa-

ket durch das Pedalieren regelrecht festgetreten wurde. Aus diesem Grund brauchen Sie das neue Ritzelpaket bei der Montage auch nicht sonderlich fest anzuziehen. Während der ersten Meter erledigen Sie das ganz nebenbei durchs Pedalieren.

Meist läßt sich ein festsitzendes Ritzelpaket besser lösen, wenn der Abzieher in einen Schraubstock gespannt wird und Sie mit beiden Händen, am Reifen greifend, das Laufrad im Gegenuhrzeigersinn drehen. Um zu verhindern, daß der Abzieher aus der Verzahnung am Ritzelpaket herausrutscht, können Sie die Achsmutter locker aufschrauben. Der Abzieher läßt sich so noch drehen, kann aber nicht mehr aus der Verzahnung herausspringen.

Kassettenkranz demontieren
Bei Kassettennaben ist das Ritzelpaket nur auf den Nabenkörper aufgesteckt. Gesichert wird es entweder durch das unterste Ritzel, das auf einem Gewinde verschraubt wird (ältere Ausführungen) oder durch einen aufgeschraubten Sicherungsring (bei neueren Versionen).

Um ein aufgeschraubtes Ritzel zu demontieren, benötigen Sie zwei Zahnkranzschlüssel. Dabei handelt es sich um ein Werkzeug, an dessen Ende ein kurzes Stück Kette angenietet ist. Mit dem einen Zahnkranzschlüssel halten Sie das Ritzelpaket fest, während Sie mit dem zweiten das kleinste Ritzel abschrauben (im Gegenuhrzeiger-

Bei älteren Kassettennaben wird das Ritzelpaket durch das aufgeschraubte kleine Ritzel an seinem Platz gehalten. Um dieses zu lösen, drehen Sie es mit einem Zahnkranzschlüssel im Gegenuhrzeigersinn herunter, während Sie mit einem zweiten Schlüssel das Ritzelpaket festhalten

Bei neueren Kassettennaben wird das Ritzelpaket durch einen aufgeschraubten Sicherungsring fixiert. Diesen können Sie mit einem Abzieher im Gegenuhrzeigersinn lösen, während Sie das Ritzelpaket selbst mit einem Zahnkranzschlüssel festhalten

sinn = Rechtsgewinde). Um den Sicherungsring neuerer Versionen zu lösen, benötigen Sie einen passenden Abzieher. Dazu reicht jetzt ein Zahnkranzschlüssel aus. Mit ihm halten Sie das Ritzelpaket fest, während Sie mit einem Gabelschlüssel am Abzieher den Sicherungsring lösen.

Ist das aufgeschraubte Ritzel bzw. der Sicherungsring entfernt, zieht man das Ritzelpaket einfach vom Nabenkörper ab. Da es nur aufgesteckt ist, kann es sich durch die Tretkraft nicht festsetzen.

Ritzel bei Nabenschaltungen wechseln
Bei Nabenschaltungen ist das (einzelne) Ritzel auf der Hinterradnabe meist mit einem Sprengring gesichert. Haben Sie diesen mit einem passenden Schraubendreher herausgehebelt, können Sie das Ritzel bereits abnehmen. Merken Sie sich die Einbaulage eventuell vorhandener Unter-

legscheiben und, sollte es sich um ein gewölbtes Ritzel handeln, welche Seite nach außen weisen muß. Bei älteren Fahrrädern ist das Ritzel teilweise durch einen Gewindering (erkennbar an der Einkerbung) gesichert. Dieser besitzt ein Linksgewinde und wird optimalerweise mit einem passenden Hakenschlüssel im Uhrzeigersinn geöffnet. Sie können sich aber auch mit Hammer und Schraubendreher behelfen.

PRAXIS TIP

Sind Sie mit dem Übersetzungsbereich Ihrer Nabenschaltung unzufrieden, können Sie ein Ritzel mit anderer Zähnezahl montieren. Durch ein Ritzel mit mehr Zähnen erhalten Sie einen besseren Berggang. Dafür müssen Sie aber beim Schnellgang Abstriche machen.

Bei Nabenschaltungen wird das Ritzel meist durch einen Sprengring fixiert. Haben Sie diesen mit einem Schraubendreher herausgehebelt, können Sie das Ritzel mühelos abnehmen

Zentrieren der Laufräder

Selbst ein hochwertiges Laufrad muß ab und zu auf perfekten Rundlauf überprüft werden. Bordsteinkanten, holprige Wege und Schlaglöcher fordern ihren Tribut, das heißt, die Speichenspannung verändert sich mit der Zeit. Sie sollten die Laufräder nachzentrieren, wenn sich ein Seiten- oder Höhenschlag von mehr als zwei Millimetern zeigt. Auch neue Laufräder sollten nach etwa 500 bis 800 Kilometern Laufleistung nachzentriert werden, da sich die neuen Speichen in Felge und Nabe noch setzen und dadurch locker werden. Dies ist meist bei Billigrädern der Fall. Radprofis sind in der Lage, die Speichen beim Einspeichen so vorzudehnen, daß ein Nachzentrieren nicht notwendig ist.

Am besten können Sie den Rundlauf eines Laufrades überprüfen, wenn Sie es ausbauen und in einen Zentrierständer spannen. Unterwegs können Sie sich auch behelfen, indem Sie am eingebauten Laufrad an den Bremsgummis entlang auf die Felge peilen.

Das Zentrieren eines Laufrades erfordert viel Routine und Fingerspitzengefühl. Seien Sie versichert: Es ist noch kein Zentriermeister vom Himmel gefallen. Also nicht gleich aufgeben!

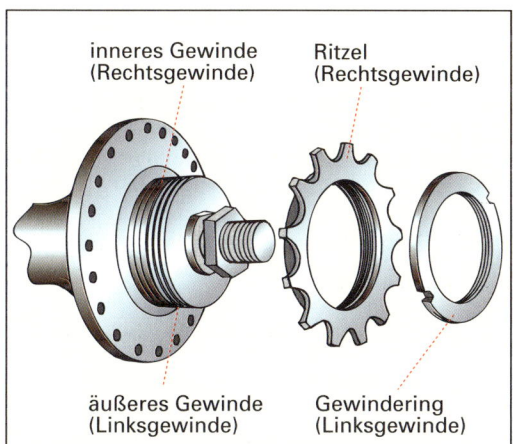

inneres Gewinde (Rechtsgewinde)

Ritzel (Rechtsgewinde)

äußeres Gewinde (Linksgewinde)

Gewindering (Linksgewinde)

Bei älteren Rädern wird das Ritzel teilweise durch einen Gewindering (Linksgewinde!) mit der Nabe verschraubt. Diesen Gewindering lösen Sie mit einem Hakenschlüssel im Uhrzeigersinn

In einem Zentrierständer können Sie den exakten Rundlauf eines Laufrades überprüfen

Mit einem Speichenschlüssel korrigieren Sie die Speichenspannung so lange, bis das Laufrad ohne Seiten- und/oder Höhenschlag läuft

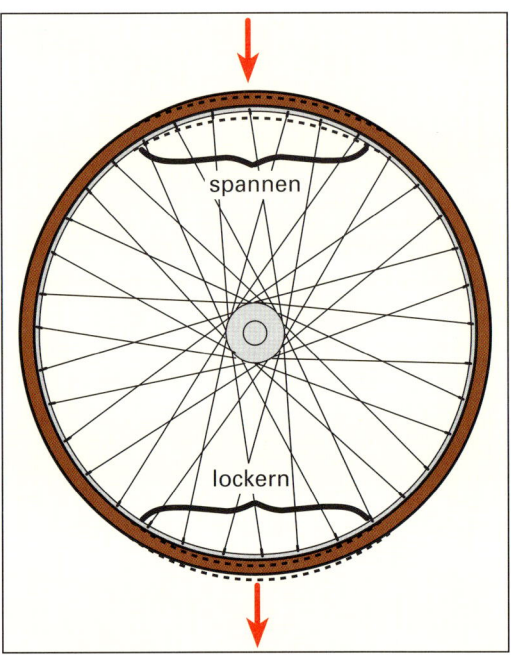

Um einen Höhenschlag zu beseitigen, spannen Sie alle Speichen im betroffenen Bereich. Ein Tiefenschlag auf der Gegenseite wird durch das Lockern der betroffenen Speichen korrigiert

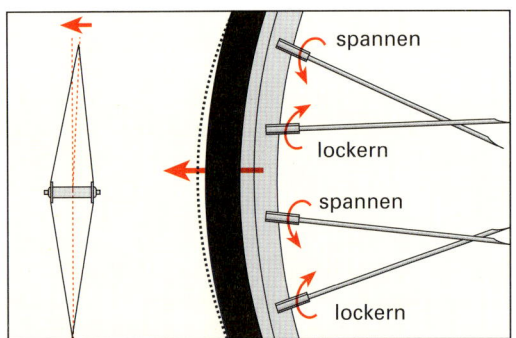

Bei einem Seitenschlag müssen Sie einige Speichen lockern und andere anziehen. Weist der Seitenschlag (von oben betrachtet) nach rechts, müssen die zum linken Nabenflansch verlaufenden Speichen in diesem Bereich gespannt werden. Die zum rechten Nabenflansch laufenden Speichen dagegen werden gelöst

Seitenschlag auszentrieren

Handelt es sich um einen Seitenschlag, nähern Sie sich dem sich drehenden Laufrad mit einem Stück Kreide (schwarze Felgen) oder mit einem schwarzen Filzstift (silberne Felgen). Sie halten die Kreide oder den Filzstift in *konstanter* Entfernung seitlich an der Felge so an, daß etwaige Erhebungen an der Felge von Kreide oder Filzstift markiert werden. Der Seitenschlag wird anschließend durch entsprechendes Spannen bzw. Lösen der Speichen im markierten Bereich ausgeglichen. Am Speichenverlauf können Sie erkennen, welche Speichen gelöst bzw. nachge-

spannt werden müssen. Wenn der Seitenschlag – von oben auf die Felge geschaut – die Felge nach links ausbeult, müssen die Speichen, die in diesem Bereich zum rechten Nabenflansch führen, gespannt, und die nach links führenden gelöst werden.

Die Kunst besteht darin, die Speichenspannung nicht zu sehr zu verändern. Dadurch bleibt eine gleichmäßige Spannung der Speichen erhalten. Tasten Sie sich mit viertel, maximal mit halben Umdrehungen des Speichenschlüssels an Ihr Ziel heran. Allzu schnell haben Sie sonst an anderer Stelle einen neuen Seitenschlag hineinzentriert!

Höhenschlag auszentrieren

Um einen Höhenschlag zu beseitigen, müssen alle Speichen (nicht nur die zum linken bzw. rechten Nabenflansch verlaufenden) im betreffenden Bereich gespannt werden. Ein Tiefenschlag (taucht oft in Verbindung mit einem Höhenschlag auf der Gegenseite auf) wird dementsprechend durch Lösen der betroffenen Speichen korrigiert. In der Regel sind davon vier bis fünf Speichen betroffen.

Durch das Auszentrieren eines Höhen- oder Tiefenschlags kann leicht ein Seitenschlag entstehen. Behalten Sie also nicht nur den Höhen- bzw. Tiefenschlag im Auge, sondern kontrollieren Sie in regelmäßigen Abständen auch, ob ein Seitenschlag entsteht, und korrigieren Sie bei Bedarf entsprechend. Tasten Sie sich auch hier langsam und mit jeweils maximal einer halben Umdrehung des Speichenschlüssels an Ihr Ziel heran.

Mußten Sie die betroffenen Speichen stark nachspannen, sollten Sie nach dem Zentrieren den Reifen abnehmen und einen Blick unters Felgenband werfen. Die Speichen könnten jetzt über den Speichennippel hinaus ins Felgeninnere ragen und den Schlauch anstechen. Überstehende Speichenenden feilen Sie ab.

Arbeiten an Rahmen und Gabel

Ein Fahrradrahmen ist praktisch wartungsfrei. Vor allem Stahlrahmen haben eine nahezu unbegrenzte Lebensdauer. Sollten Sie auch im Winter radfahren, lohnt es sich, den Rahmen im Herbst mit Sprühwachs zu behandeln. Auch Aluminiumteile, wie Naben und Kurbeln, freuen sich über diesen Schutz.

Arbeit mit dem Rahmen bekommen Sie in der Regel erst dann, wenn der Lack unansehnlich geworden ist und eine Neulackierung fällig wird. Aber auch wenn Sie einmal die Grenzen der Fahrphysik fahrlässig mißachtet haben und gestürzt sind, können Schäden am Rahmen auftreten. Prallt das Rad bei einem Sturz gegen einen festen Gegenstand, ist die Gefahr groß, daß die dünnwandigen Rahmenrohre Ihres Fahrrads beschädigt werden.

Tauschen Sie einen beschädigten Rahmen oder eine verbogene Gabel im Zweifelsfall immer aus.

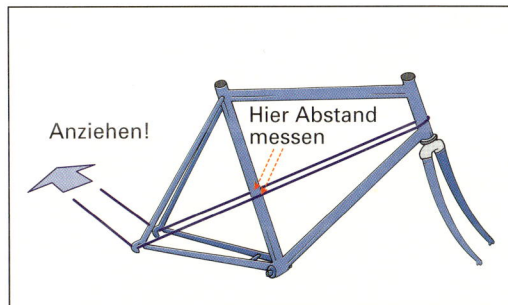

Mit einer um das Steuerrohr gespannten und durch die Ausfallenden des Hinterbaus gezogenen Schnur können Sie Ihren Rahmen auf Verzug überprüfen. Der Abstand zum Sitzrohr muß auf beiden Seiten gleich groß sein (+/– 2 mm)

Rahmen nach Sturz überprüfen

Suchen Sie den Rahmen nach einem Sturz zuerst einmal nach Beulen oder Rissen ab. Können Sie mit dem bloßen Auge keine Schäden entdecken, kann der Rahmen dennoch verzogen sein. Um das zu überprüfen, bauen Sie das Hinterrad aus. Anschließend legen Sie die Mitte einer etwa drei Meter langen Schnur um das Steuerrohr und ziehen beide Hälften nach hinten und dort durch die Ausfallenden schräg nach oben. Am besten geht das, wenn ein Helfer die Schnur spannt. Sie können dann auf beiden Seiten den Abstand zwischen der Schnur und dem Sitzrohr messen. Anstelle einer Schnur können Sie auch eine entsprechend lange und gerade Latte anlegen. Der Abstand sollte auf beiden Seiten gleich groß sein (+/– 2 Millimeter). Auch verbogene Ausfallenden können das Resultat eines Sturzes sein. Wenn das Rad auf das Schaltwerk fällt, wird leicht das rechte Ausfallende samt Schaltungsauge verbogen. Um das rechte Ausfallende zu überprüfen, können Sie das Vorderrad ins Gewinde des Schaltwerks schrauben. Es reicht völlig, wenn Sie dazu die Schaltwerkbefestigungsschraube lösen und dieses beiseite hängen. Kette und Schaltzug brauchen Sie nicht zu de-montieren. Die Felgen beider Räder müssen dabei parallel zueinander stehen. Ist das Schaltungsauge verbogen, sollte es vom Profi, der geeignetes Werkzeug zur Verfügung hat, gerichtet werden.

Richtarbeiten am Rahmen und vor allem die Entscheidung darüber, ob diese überhaupt möglich sind, sollten Sie in jedem Fall einem Fachmann überlassen. Vor allem hochwertige Rahmen aus dünnwandigem Rohr können nach dem Richten leicht brechen.

Gabel nach Sturz überprüfen

Nach einem Sturz, vor allem wenn das Rad mit dem Vorderrad gegen einen Gegenstand geprallt ist, ist meist die Gabel beschädigt. Sind die Gabelscheiden schon allein bei einer Sichtkontrolle als verbogen zu erkennen, sollte die Gabel unbedingt durch eine neue ersetzt werden. Richtversuche können zu unsichtbaren Rissen führen. Diese enden über kurz oder lang in einem Gabelbruch, der immer zum Sturz führt.

Muß eine neue Gabel montiert werden, überprüfen Sie, ob Länge und Verlauf der Gabelscheiden sowie der Durchmesser des Gabelschaftrohrs identisch sind mit den Maßen der alten Gabel. Ein zu langes Gabelschaftrohr sägen Sie vor dem Einbau auf das richtige Maß ab. Drehen Sie vor dem Absägen die Kontermutter des Steuersatzes auf das Gewinde des Gabelschaftrohrs. So sehen Sie zum einen, ob die neue Gabel mit dem richtigen Gewinde versehen ist, und zum zweiten wird nach dem Absägen durch das Herunterdrehen der Kontermutter der Gewindeanfang automatisch wieder gangbar gemacht.

Ist der Gabel auf den ersten Blick keine Beschädigung anzusehen, wird mit einem Lineal überprüft, ob der gerade verlaufende obere Bereich der Gabelscheiden sich in einer Linie mit dem Steuerrohr befindet. Wenn auch nach dieser Prüfung kein Schaden zu entdecken, das Fahrverhalten aber nach wie vor ungewohnt ist, sollten Sie die Gabel von einem Fachmann checken lassen oder gegen eine neue austauschen.

Rahmen mit neuer Farbe versehen

Nagt der Zahn der Zeit, sprich der Rost, schon seit längerem an Ihrem Fahrradrahmen, lohnt sich eine Neulackierung. Dazu muß das Rad komplett zerlegt werden. Dies ist eine gute Gelegenheit, andere längst überfällige Überholungsarbeiten durchzuführen, und eine typische Arbeit für lange, dunkle Winterabende.

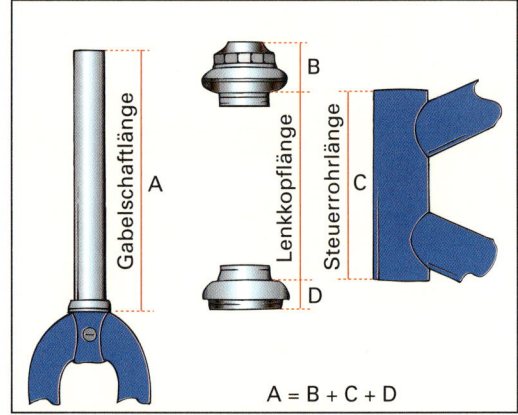

$$A = B + C + D$$

Bevor eine neue Gabel eingebaut wird, müssen Sie zuerst überprüfen, ob das Gabelschaftrohr die richtige Länge aufweist. Ist es zu kurz, kann die Gabel nicht montiert werden; ist es zu lang, muß es mit einer Säge gekürzt werden

Mit einem Lineal können Sie überprüfen, ob der obere, gerade verlaufende Bereich der Gabelscheiden sich in einer Linie mit dem Steuerrohr befindet. Stürze mit Frontalaufprall führen meist zu einer nach hinten abgeknickten Gabel

Haben Sie alle Zubehör- und Ausstattungsteile demontiert, können Sie den Rahmen mühsam von Hand mit Schleifpapier der Körnung 80 abschleifen oder ihn gegen Bezahlung sandstrahlen lassen.

Rahmen lackieren
Sie können Ihren von Rost und loser Farbe befreiten Rahmen grundieren und mit Pinsel oder Sprühdose selbst lackieren. Das Finish und die Belastbarkeit einer in der Autolackiererei gespritzten und anschließend eingebrannten Lackierung aber werden Sie bei der Do-it-yourself-Methode nicht erreichen.

Rahmen pulverbeschichten
Am belastbarsten und umweltfreundlichsten ist das Pulverbeschichten des Rahmens. Dabei werden winzige Kunststoffpartikel auf elektrostatischem Weg auf den zuvor sandgestrahlten Rahmen aufgebracht und anschließend in einem Ofen zu einer äußerst strapazierfähigen Beschichtung verschmolzen. Die Pulverbeschichtung hält selbst einer peitschenden Kette stand, und auch Steinschlagschäden gehören damit der Vergangenheit an.

Da keinerlei Lösungsmittel verwendet werden und keine Farbe am Rahmen vorbeigesprüht wird, wie das beim Lackieren der Fall ist, ist das Pulverbeschichten sehr umweltfreundlich. Entsprechende Firmen finden Sie im Branchen-Telefonbuch (Gelbe Seiten) unter dem Stichwort »Kunststoffbeschichtung«.

Ganz gleich ob Lackierung oder Pulverbeschichtung: Sie sollten die Gewinde am Rahmen (Ösen für Schutzbleche, Gepäckträger, Flaschenhalter; Schaltauge und Tretlagergewinde) durch eingedrehte Schrauben schützen. Andernfalls müssen diese Gewinde hinterher in mühsamer Handarbeit wieder gangbar gemacht werden.

PRAXIS TIP
Bezüglich der Kosten ist die wesentlich umweltfreundlichere Kunststoffbeschichtung nicht teurer als eine vom Profi ausgeführte Lackierung. Belastbarkeit und Umweltschutz sprechen also eindeutig für das Pulverbeschichten.

Arbeiten an den Bremsen

Fahrradbremsen erfordern – abgesehen von Einstellarbeiten und dem Ersatz verschlissener Bremsgummis – nur wenig Wartung. Nach längerer Betriebsdauer kann es aber vorkommen, daß die Gelenke der Bremse schwergängig werden. Eingedrungener Schmutz und Feuchtigkeit erhöhen die Reibung und führen letztendlich dazu, daß die Rückstellkraft der Bremsfeder(n) nicht mehr ausreicht, die Bremsgummis nach dem Loslassen des Bremshebels schnell und zuverlässig in die Ruhestellung zu bringen. Die Bremsgummis streifen dann ständig an der Felge. Die Bremse muß in diesem Fall gereinigt und neu abgeschmiert werden.

Seiten- und Mittelzugbremsen überholen

Lagerung einstellen
Bei Seiten- und Mittelzugbremsen kann meist die Lagerung der Bremsarme eingestellt werden. Sie erkennen dies an einer Einstellmutter und der darüber liegenden Kontermutter am Drehpunkt (bzw. an den Drehpunkten). Die Vorgehensweise ist identisch mit der Einstellung eines Konuslagers: Sie lösen die Kontermutter, stellen das Lagerspiel über die Einstellmutter so ein, daß die

So können Sie an einer Seitenzugbremse die Lagerung der Bremsarme einstellen: Lösen Sie die äußere Kontermutter, korrigieren Sie mit der darunterliegenden Einstellmutter, und kontern Sie abschließend wieder

Sie sich die Demontage der Bremse ersparen. Die Lagerung war dann zu stramm eingestellt. Auch zu großes Lagerspiel der Bremsarme sollten Sie umgehend korrigieren. Die Bremse ruckelt dann, und die Lagerstelle schlägt mit der Zeit aus.

Bremse zerlegen

Lassen sich die Bremsarme auch nach der Einstellung des Lagerspiels nicht frei bewegen, muß die Bremse zerlegt und gereinigt werden. Zuerst einmal müssen Sie den Bremszug aushängen. Anschließend lösen Sie die mittig angeordnete Befestigungsschraube der Bremse an der Rückseite der Gabel bzw. des Bremsstegs und nehmen diese komplett ab. Entfernen Sie die Kontermutter und danach die Einstellmutter am Drehpunkt der Bremsarme. Prägen Sie sich beim Zerlegen der Bremse die Einbaulage der einzelnen Teile genau ein. Wenn Sie sich ein großes Tuch bereitlegen und alle Teile systematisch in der Reihenfolge der Demontage mit der Vorderseite nach oben darauf ablegen, behalten Sie jederzeit den Überblick.

Haben Sie die Bremse zerlegt, reinigen Sie alle Einzelteile sorgfältig mit einem weichen Tuch.

Um eine Seiten- oder Mittelzugbremse zerlegen zu können, muß diese abmontiert werden. Nachdem Sie die Befestigungsschraube an der Rückseite der Gabel gelöst haben, können Sie die komplette Bremse abnehmen

Bremsarme sich spielfrei und leicht drehen lassen, und sichern durch die Kontermutter.

Gehen die Bremsarme und damit die Bremsgummis nach dieser Einstellung wieder leicht und zuverlässig in ihre Ruhestellung zurück, sobald der Bremshebel losgelassen wird, können

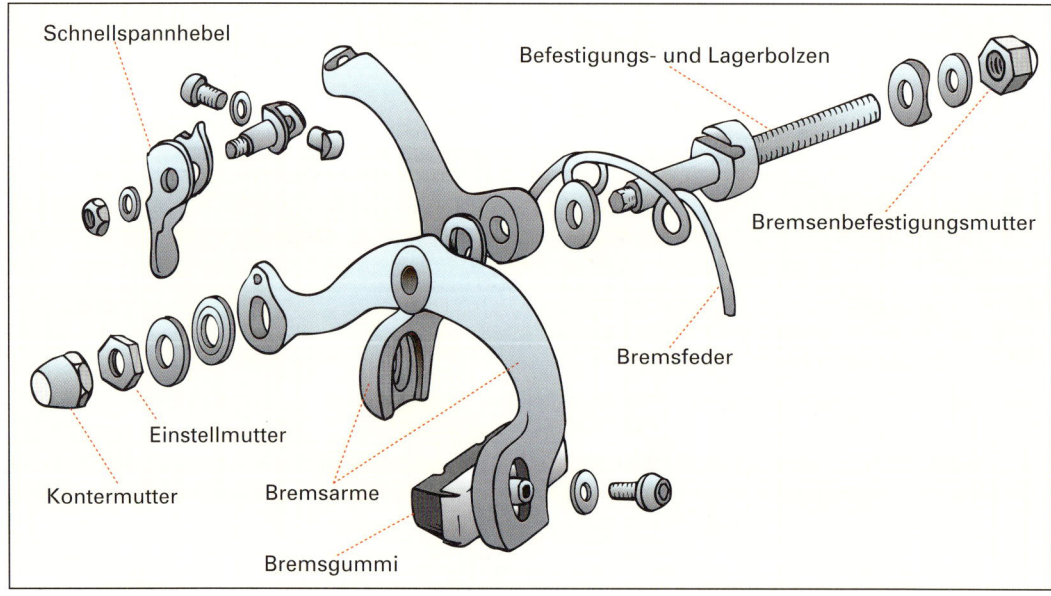

Explosionszeichnung einer Seitenzugbremse: Die beiden Bremsarme sind mittig auf einem gemeinsamen Bolzen gelagert und werden durch die Bremsfeder aufgespreizt; der Bowdenzug setzt seitlich an

Vor dem Zusammenbau werden die Drehpunkte und alle Gewinde mit wasserfestem Fett abgeschmiert. Überschüssiges Fett wird nach der Montage mit einem Tuch abgewischt. Haben Sie die Bremse wieder montiert und an Bremssteg bzw. Gabel verschraubt, wird abschließend die Lagerung der Bremsarme eingestellt. Schließlich stellen Sie die Bremse wie auf Seite 60 beschrieben ein.

PRAXIS 🚲 TIP

Eine alte Bremse zu überholen lohnt oft nicht. Vor allem, wenn Sie Touren mit Gepäck fahren oder einen Anhänger ziehen möchten, ist es sinnvoll, auf eine moderne, wesentlich effektivere Bremse umzurüsten.

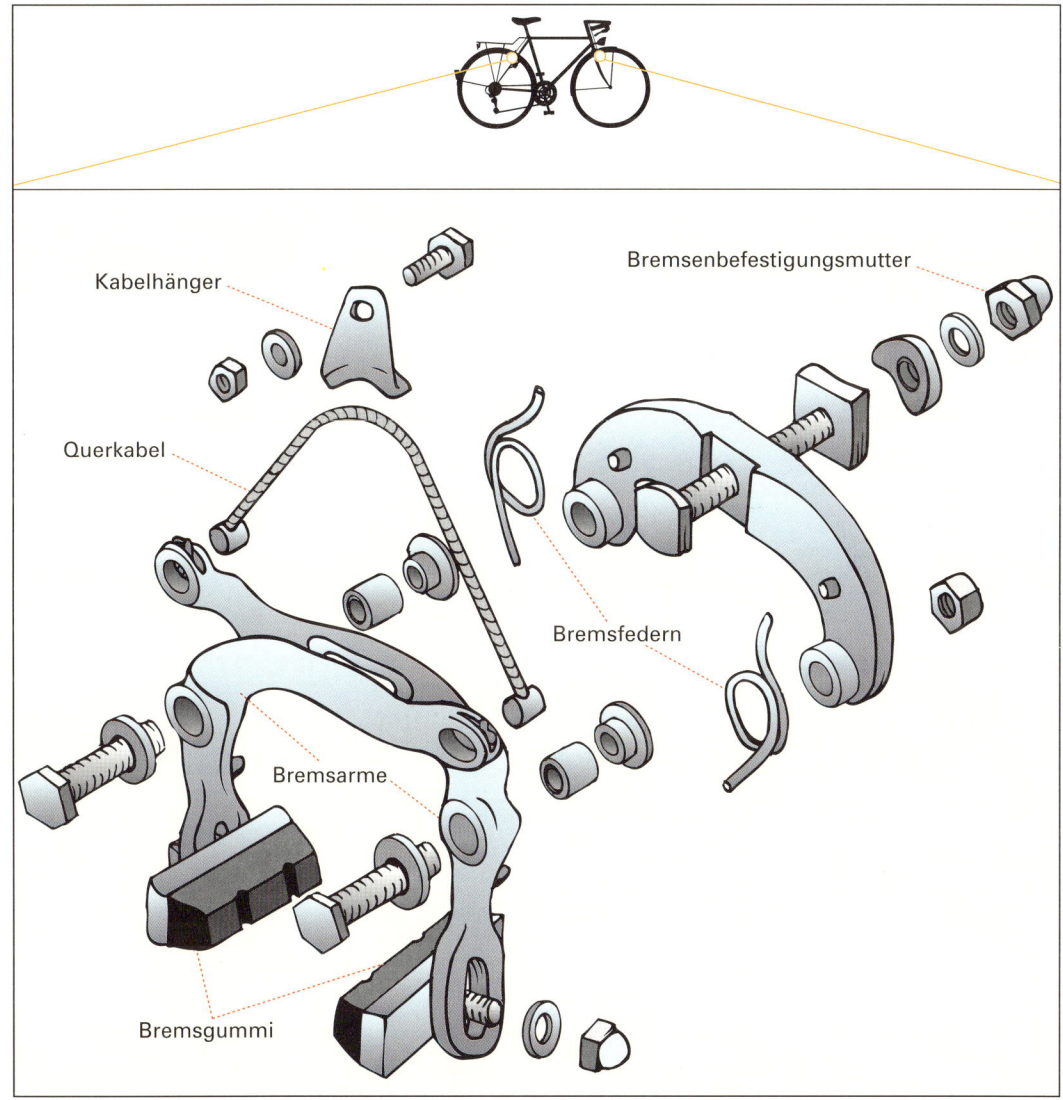

Kabelhänger

Bremsenbefestigungsmutter

Querkabel

Bremsfedern

Bremsarme

Bremsgummi

Explosionszeichnung einer Mittelzugbremse: Die beiden Bremsarme sitzen jeweils auf einem eigenen Drehpunkt; der Bowdenzug setzt mittig über der Bremse an

Cantileverbremsen überholen

Bei Cantileverbremsen drehen sich die beiden unabhängigen Bremsarme auf den an Sitzstreben bzw. Gabelscheiden angelöteten Bremssockeln. Drehen sich die Bremsarme nicht mehr leicht genug auf den Bremssockeln, gehen die Bremsgummis nur langsam in ihre Ruhestellung zurück. Die Bremsarme müssen in diesem Fall demontiert, gereinigt und abgeschmiert werden.

Hängen Sie dazu das Querkabel aus, und drehen Sie die Befestigungsschrauben, die die Bremsarme auf den Bremssockeln halten, heraus. Jetzt können Sie die Bremsarme vorsichtig abziehen. Achten Sie darauf, wie die im Inneren der Bremsarme verborgenen Rückstellfedern am Bremssockel eingehängt sind. Meist sind am Bremssockel drei Bohrungen vorhanden. Dadurch können unterschiedlich starke Rückstellkräfte realisiert werden. Eine Cantileverbremse mit leichtgängigen, gut geschmierten Drehpunkten sollte mit der niedrigsten Federvorspannung auskommen. Mit jeder Erhöhung der Federkraft erhöhen sich auch die zur Bedienung erforderlichen Handkräfte.

Reinigen Sie die Bremssockel mit einem Tuch, und beseitigen Sie eventuell vorhandene Riefen im Metall mit feinem Schleifpapier, bevor Sie die Bremsarme wieder auf den gut gefetteten Sockeln montieren.

Bei einer Cantileverbremse sind beide Bremsarme unabhängig voneinander auf den Bremssockeln montiert. Eine Demontage der Bremsarme wird notwendig, wenn sich diese nicht mehr leichtgängig auf den Bremssockeln drehen

Leistungsfähigere Bremsen montieren

Bei manchen Fahrradbremsen kann, seien sie auch noch so gut gewartet, leicht der Wunsch aufkommen, sie durch eine leistungsfähigere Ausführung zu ersetzen. Angesichts der kläglichen Bremsleistung veralteter Bremsen ist es mehr als gerechtfertigt, wenn Sie sich eine topaktuelle Bremsanlage montieren möchten. Solch ein Umbau ist meist nicht ganz billig, aber in jedem Fall sinnvoll.

Im wesentlichen bieten sich dafür drei Möglichkeiten:
▶ Montage einer modernen Seitenzugbremse,
▶ Montage von Cantileverbremsen oder
▶ Montage von hydraulischen Bremsen.

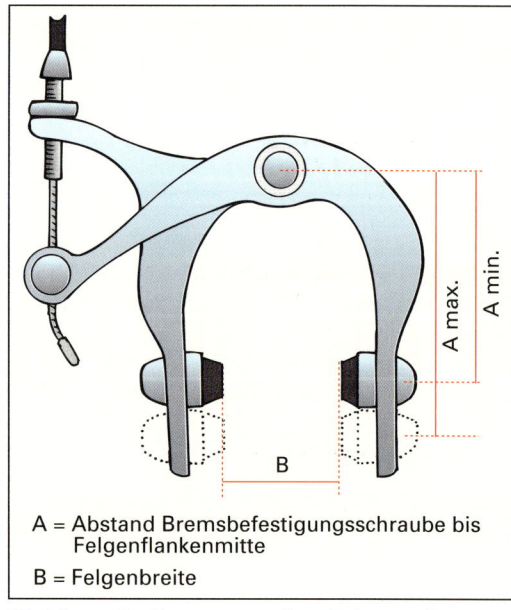

A = Abstand Bremsbefestigungsschraube bis Felgenflankenmitte
B = Felgenbreite

Die Länge der Bremsarme einer Seitenzugbremse muß zur Bereifung und zur Gabel Ihres Fahrrades passen

Moderne Seitenzugbremsen anbauen

Moderne Seitenzugbremsen bieten bereits eine recht gute Bremswirkung. Vor allem wenn es sich um Ausführungen fürs Rennrad mit kurzen, verwindungssteifen Bremsarmen handelt. Solche Seitenzugbremsen haben den Vorteil, daß sie wie die alten Felgenbremsen einfach an der Bohrung im Gabelkopf bzw. am Bremssteg montiert werden können.

Bevor Sie eine neue Seitenzugbremse erstehen, müssen Sie den Abstand von der Bremsbefestigungsschraube bis zur Felgenflankenmitte messen. Dieses Maß bestimmt die Länge der Bremsarme. Eine Rennradbremse mit extrem kurzen Bremsarmen würde, an einem Tourenrad mit Schutzblechen montiert, wenig wirkungsvoll in den Reifen beißen. Da sich die Bremsgummis an jeder Felgenbremse in einem gewissen Bereich in der Höhe verschieben lassen, sollte der an Ihrem Rad gemessene Abstand möglichst in der Mitte dieses Verstellbereiches liegen.

Cantileverbremsen nachrüsten

Möchten Sie nachträglich die äußerst effektiven Cantileverbremsen an Ihrem Rad montieren, so geht das nur vorn und auch dann nur in Verbindung mit einer neuen Gabel. Cantileverbremsen benötigen an den Gabelscheiden angelötete Bremssockel und können daher nicht nachträglich an einer herkömmlichen Gabel montiert werden. Eine interessante Lösung ist sicherlich eine passende gebrauchte Gabel mit Anlötsockeln für Ihr Rad. Wenn Sie eine neue Gabel samt Cantileverbremse kaufen müssen, wird die Umrüstung meist zu teuer.

Hydraulikbremsen montieren

Schließlich haben Sie noch die Möglichkeit, äußerst wirkungsvoll verzögernde Hydraulikbremsen zu montieren. Es gibt sie zum Nachrüsten für Räder mit Cantileveranlötsockeln an Rahmen bzw. Gabel und als Ersatz für herkömmliche Seiten- und Mittelzugbremsen.

Äußerst effektiv verzögernde Hydraulikbremsen lassen sich an vielen Rädern nachträglich montieren. Es gibt sie in einer Ausführung zur Montage auf Cantileverbremssockeln (siehe Abbildung) und als Ersatz für Seitenzugbremsen an Rennrädern

Wenn Sie Hydraulikbremsen montieren möchten, müssen Sie auch die Bremshebel wechseln. In ihnen sitzt der Geberkolben, der die Handkraft durch die ölgefüllte Bremsleitung zum Nehmerkolben an der Bremse überträgt. Da die Bremsleitung fest mit Bremse und Bremshebel verbunden ist, können Sie diese bei der Hinterradmontage nicht durch die Rahmenösen ziehen. Sie können die Bremsleitung entweder mit Kabelbindern am Rahmen fixieren oder elegant in eine Führungsschiene einklipsen, die Sie ans Oberrohr kleben.

Solche Führungsschienen erhalten Sie im Elektrozubehörhandel. Dort werden diese Schienen als Kabelkanäle verwendet.

Register

Im FALKEN Verlag sind zahlreiche Bücher zum Thema »Do it yourself« erschienen.
Sie sind überall erhältlich, wo es Bücher gibt.

Sie finden uns im Internet: **www.falken.de**

Dieses Buch wurde auf chlorfrei gebleichtem
und säurereiem Papier gedruckt.

Stefan Kälberer, der Autor dieses Buches, bietet mit seinem »Projekt Velo« neben
geführten Radtouren auch diverse Workshops zum Thema »Fahrrad-Reparaturen« an.
Neugierig? Farbbroschüre bei:
Projekt Velo
Wilflingstraße 3
75394 Oberreichenbach

ISBN 3 8068 1633 6

© 1999 by FALKEN Verlag, 65527 Niedernhausen/Ts.
Die Verwertung der Texte und Bilder, auch auszugsweise, ist ohne Zustimmung des Verlags
urheberrechtswidrig und strafbar. Dies gilt auch für Vervielfältigungen, Übersetzungen,
Mikroverfilmung und für die Verarbeitung mit elektronischen Systemen.

Titelbild: Stefan Kälberer, Oberreichenbach-Würzbach
Umschlaggestaltung: Andreas Jacobsen
Redaktion der Nachauflage: Markus Hederer
Fotos: Stefan Kälberer, Oberreichenbach-Würzbach
Zeichnungen: Weiß & Haenitsch, Obernbreit

Die Ratschläge in diesem Buch sind vom Autor und vom Verlag sorgfältig erwogen und geprüft,
dennoch kann eine Garantie nicht übernommen werden. Eine Haftung des Autors bzw. des Verlags
und seiner Beauftragten für Personen-, Sach- und Vermögensschäden ist ausgeschlossen.

Redaktionelle Betreuung, Umbruch und Satz: FROMM MediaDesign GmbH, Selters/Ts.
Druck: Appl, Wemding

817 2635